数カ月先まで
予約で
いっぱい！

訪問調理師
ごはんさんの

どんどんおかわりする
子ども
大好き
レシピ
78

徳間書店

はじめに

私は、訪問調理師をしています。一見、聞き慣れない職業ですが、各家庭を訪れておうちの台所にある食材を使って、家庭料理を作る仕事です。限られた時間のなかで各家庭の要望に合わせて、20品弱の料理を作るのは、大変ですがとてもやりがいがあります。

家事に育児に、仕事にと日々分刻みで動かなければならない親御さんたち。当然、お子さんの苦手なものとじっくりと向き合ったり、一緒に作る時間はほとんどありません。

そんなご家庭にお伺いして料理をするようになって
「今まで苦手だったコールスローサラダを、姉妹2人で平らげてしまった」
「緑の野菜は苦手なのに、ゆでただけのブロッコリーを一皿食べた」
など、嬉しい声をいただくようになりました。
〝同じ材料を使っているはずなのに、いつもと違う食感や食べやすいと感じる調味料が入っているだけで、こんなにたくさん食べるんだ〟と嬉しい驚きをもらっています。

訪問調理師をする前は、学校給食の調理師をしていました。とてもハードな仕事でしたが、お子さんたちの「美味しかった！　ありがとう」の言葉がとてもうれしい職場でもありました。必要最低限の調味料と、シンプルで丁寧な調理法によって作られる素材の味を活かした給食。一食でたくさんの種類の食材が使われ、バランスよく栄養が摂れるよう考えられたメニューは、今の仕事にもとても活かされています。

この本で紹介するレシピは、私の今までの経験をもとに試行錯誤しながら作ったものです。どれも、今までお伺いした延べ1500軒以上のお家でリピートしていただいているメニュー。どこの家庭でも手に入りやすい食材を使い、家電の使用も最低限、なるべく短時間で簡単にできるものを選んでいます。

この本を読んで、親御さんの負担が減り、お子さんのおかわりが増えたり、苦手なものが食べられるきっかけになれば幸いです。おうちごはんの時間がより一層楽しく豊かな時間になりますように。

2019年11月
ごはん こと 飯泉友紀

Contents

- 2 　はじめに
- 8 　おかわり！の声が聞こえる
  　おうちごはんのために
  　大事にしている7つのルール
- 12 　『子ども大好きレシピ』本の見方

Part 1

おかわりの声、続出！
13 満点レシピ

- 14 　なす半分！ハンバーグ
- 16 　肉巻きチーズドッグ
- 18 　キャラメルポテト
- 19 　グリルかぼちゃとクリームチーズのサラダ
- 20 　巣篭もりグラタン
- 22 　野菜たっぷりミートソーススパゲッティ
- 23 　お米のポタージュ
- 24 　手羽元のカレークリーム煮
- 25 　じゃがいものガレット
- 26 　もちもち唐揚げ

Part 2

シンプルな調理法でササッと作れる
27 3行レシピ

- 28 　アボカドボートグラタン
- 30 　大豆とじゃこの甘唐揚げ
- 31 　青のりポテト
- 32 　蓮根と厚切りベーコンのバターソテー
- 33 　三角揚げ焼きしゅうまい
- 34 　里芋の唐揚げ
- 35 　ふわふわ卵とトマトの炒めもの
- 36 　シャキシャキポテトサラダ

Part 3

ママの悩みを解決する

37 肉レシピ

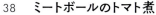

- 38 ミートボールのトマト煮
- 40 ゆで卵の肉巻き
- 42 ごぼうぎっしりメンチカツ
- 43 エスニック風焼鳥
- 44 鶏むね肉の唐揚げオーロラソース
- 46 ふわふわチキンナゲット
- 47 甘辛チキン
- 48 カリッと豚ごま揚げ

Part 4

ワンパターンな調理法から脱出!

49 魚レシピ

- 50 アジのサクッとフリッター
- 52 お子様海老チリ
- 54 ガーリックまぐろステーキ
- 55 酢ぶり
- 56 鮭のねぎ味噌マヨ焼き
- 58 まぐろ中華団子

Part 5

苦手な子も思わず完食!

59 野菜レシピ

- 60 チリコンカン
- 62 子ども版ヤムウンセン
- 64 まろやかコールスロー
- 65 カラフル焼き肉サラダ
- 66 サラダ餃子
- 68 冷めても美味しい蒸し豆腐
- 69 しらたきチャプチェ

- 70 **Column** 野菜サラダがパクパク進む!
  ディップ＆ソース
  - 爽やかアボカドディップ
  - まろやかオーロラソース
  - つぶつぶブロッコリーディップ
  - カレー風味のマヨソース
  - すりおろし玉ねぎソース
  - まろやか卵ペースト

Contents

Part 6
73 おかずの素
4つのメニューにアレンジできる

74 　　おかずの素1
野菜たっぷりドライカレー
- 76 　ふわふわオムレツ
- 77 　具だくさんサモサ
- 78 　とろ〜りチーズのホットサンド
- 79 　スコップコロッケ

80 　　おかずの素2
コンソメポークソテー
- 82 　フレッシュトマトのハヤシライス
- 83 　カブとお豆のゴロゴロ炒め
- 84 　洋食屋さんの豚丼
- 85 　やさしい甘さのポークケチャップ

86 　　おかずの素3
旨みたっぷり肉味噌
- 88 　クリーミー担々麺
- 89 　冷めてもパリパリ春巻き
- 90 　辛くない麻婆豆腐
- 91 　シャキシャキ食感の回鍋肉

Part 7
92 魔法のスープ
野菜を無水で蒸すから旨み200％

- 94 　カラフルミネストローネ
- 96 　チキンスープ
- 98 　ほっこり味のサムゲタン

100 　Column
子どもがキッチンを覗きに来たら…
一緒にお料理してみませんか？
- 102 　ピーラーサラダ
- 104 　いちごとりんごのジャム＆
　　　生クリームとベリーの
　　　スポンジケーキ

6

Part 8
ひと皿でごはんが完結!
107 丼 & 麺レシピ

- 108 オムナポリタン
- 110 バターチキンカレー
- 112 無水牛丼
- 113 炒めちゃんぽん
- 114 ガパオライス
- 116 タイ風焼きそば（パッタイ）
- 117 五目親子丼
- 118 天津にゅうめん

Part 9
ホットケーキミックスで作るから簡単!
119 スイーツレシピ

- 120 しっとりふっくらバナナケーキ
- 122 チョコチップスコーン
- 123 クリームチーズとパイナップルのプチケーキ
- 124 コーンボール

126 INDEX

＼おかわり！の声が聞こえる／
おうちごはんのために

好き嫌いより、食を楽しむきっかけ作りを！

母は保育士で、私たち姉弟は小さいころから両親共働きの家庭で育ちました。時間が限られているなかで母の作ってくれるごはんは、大胆ながら美味しく、いつもたくさんのおかずがひと皿にぎゅっと詰まっていました。

もちろん小さいころは苦手なものもありました。
でも母は「イヤイヤ食べるなら食べなくていい、好きなおかずだけ食べなさい。その代わり背筋を伸ばして感謝して食べること。お米も野菜も農家

さんが一生懸命作ってくれたものなんだよ」と、好き嫌いについてより、食べるときの姿勢についていつも口酸っぱく言われていた記憶があります。

そのおかげか大人になった私は食べることが大好き！そして今や私の趣味は、地方の農家さんを訪れて旅することになっています。

訪問するご家庭の親御さんたちは、皆さんお子さんの食事についていろいろ悩みを抱えていらっしゃいます。例えば、好き嫌いが多かったり、食が細かったり、気分によって食べムラがあったりと、本当にさまざまです。忙しい親御さん方には、とてもとても大きな悩みの種ですよね。
ただ、ちょっとしたことで苦手が好きに変わっていく瞬間を、これまでたくさんの訪問先で親御さんたちと見てきました。いつもと違う組み合わせだったり、食感や見た目が違ったり。もしかしたらきっかけは、些細なところにあるのかもしれません。

「美味しかった。おかわり！」

そんな声が聞こえるきっかけ作りなれば嬉しいなと思い、おうちごはんを作るうえで大事にしている7つのマイルールをご紹介します。

「おかわり!」の声が聞こえるおうちごはんのために

大事にしている7つのルール

P16 肉巻きチーズドッグ

P26 もちもち唐揚げ

1 カリッ、とろ〜り食感を大切に

焼き色をつける、食感が異なるものを混ぜ合わせる、固ゆでする…。些細なひと工夫ですが、カリッ、シャクッ、とろ〜りの食感がアクセントになり、子どもの食欲はグーンとアップします。食事中の会話も弾みますよ。

3 素材の旨みを引き出す調理法を

味覚に敏感な子どもは自然の旨みが大好き。そのために、できるだけ無水煮を取り入れています。素材から出た水分のみで加熱するため味が凝縮され、その分調味料も少なくてすみます。やさしくてほっこりとする味になりますよ。

P38 ミートボールのトマト煮

P94 カラフルミネストローネ

2 はちみつなどやさしい甘さをプラス

子ども用に料理を作るときは、大人向けよりも少しだけ甘さを足します。はちみつや練乳を使ったり、お米をミキサーにかけたりと砂糖以外のチカラを借りることも。料理全体がまろやかになると、驚くほど子どもたちの箸が進みます。

P23 お米のポタージュ

P44 鶏むね肉の唐揚げオーロラソース

5 見た目が楽しくなるひと工夫

いつものメニューに1色多く彩りを添えたり、全体をアーモンドでまぶしたアジのフリッター (p50) のように見た目で興味を引きつけたり。視覚に訴えかけて「食べてみたい!」と口に運んでくれたら、そこが完食への第一歩です。

p83
カブとお豆の
ゴロゴロ炒め

p50
アジのサクッと
フリッター

4 鍋に残ったこびりつきは旨味の宝庫

お肉を焼いたあとに残ったフライパンのこびりつきにはお肉の旨味がギュッと詰まっています。洗って流してしまうのはもったいない。そのこびりつきを使ってソースを作れば、お肉の旨みを味わい尽くせます。

P14
なす半分!
ハンバーグ

P40
ゆで卵の肉巻き

7 食に興味を持つきっかけ作りを

素材が次々と料理に変身してく過程を見るのが子どもは大好き。キッチンを覗きにきたときは、やりたいことから少しずつ手伝ってもらうのがおすすめです。野菜の下処理をしたり、ドレッシングを作ってもらったり…。自分が作った料理はきっと何倍も美味しいはず!

6 苦手なものは混ぜ込み大作戦

子どもは、自然と野菜不足になりがちです。大好きなチキンナゲットを食べているのに、野菜もいつの間にか食べちゃった!と知らず知らずのうちに野菜をたくさん食べているようなメニュー作りを心がけています。

P46
ふわふわ
チキンナゲット

P66
サラダ餃子

この本の見方

- 本書のレシピに記載のある4人分の表記は大人2人、子ども2人分を目安にしています。年齢や個人差がありますので、適宜調整してください。
- 本書の写真に掲載されている飾り用の野菜などについて、レシピの分量は省略しています。
- 調味料の分量は目安です。お子さんの年齢や味覚に合わせて、ご家庭に合う味へと加減をお願いします。
- オーブントースターは1000Wのものを目安にしています。機種によって多少差がありますので、様子を見ながら調整してください。
- 野菜の下ごしらえについて省略していることがあります(洗う、皮をむく、ヘタを取るなど)
- 加熱時間はあくまでも目安です。火加減、鍋の大きさによって異なる場合がございます。様子を見て調整してください
- 本書のレシピについて、冷凍・冷蔵の保存期間の目安を記しています。冷凍の場合は、冷蔵庫で数時間〜半日かけての解凍が望ましいですが、レンジで解凍する場合は500Wで行うのがおすすめです。
- 使用する油について、種類を限定したほうがより美味しくいただける場合は、ごま油やオリーブオイルなど具体的な種類を明記しています。単に油と表記している場合はお好みのものをご使用ください。
- 調味料について特に指定したものでない場合は以下のものを使用しています。
砂糖：てんさい糖、きび砂糖　塩：自然塩　小麦粉：薄力粉　バター：有塩

Part 1

おかわりの声、続出！
満点レシピ

実際にお子さんのいる家庭を訪れて作った数百のレシピのなかから、
子どもたちがお皿を空っぽにして「おかわり!!」と叫んだ
自慢のレシピばかりを集めました。
甘くて香ばしいキャラメルポテトや、
もち粉を使って揚げるサクッフワッの唐揚げなど、
子どもの好きな食感や味付けが詰まったひと皿ばかりです。

苦手な子も気づかずにおかわり！
なす半分！ハンバーグ

冷蔵 5日
冷凍 1カ月

材料（4人分）

なす…3本
合挽肉…300g
塩…ひとつまみ
油…大さじ½
Ⓐ ケチャップ…大さじ1
　中濃ソース…大さじ1
　パン粉…大さじ2
　卵…1個
Ⓑ ケチャップ…大さじ2
　中濃ソース…大さじ2
　バター…10g

作り方

1. なすは皮をむいてみじん切りに、合挽肉は混ぜる直前まで冷蔵庫で冷やしておく
2. ボウルに合挽肉と塩を入れ、手早くかき混ぜて粘りを出す。肉の色が白っぽくなったら*1*のなすとⒶを入れ、さらによく混ぜる（a）
3. 空気を抜きながら整形して油をひいたフライパンに並べ、中強火で表面にこんがり焼き色をつける。ひっくり返したら蓋をして中弱火にし、約3分、なかまでじっくり火を通す
4. 色よく焼けたらハンバーグをお皿に取り出す
5. 肉汁が残ったフライパンにⒷを入れて軽く煮詰めてソースを作る（b）

ごはんさんmemo

なすが苦手というお子さんのために開発したレシピです。なすが肉の脂を吸うので、柔らかくジューシーに仕上がります。

冷たい挽肉をしっかり練ることで肉汁が閉じ込められます

a

ソースはハンバーグを焼いた後の肉汁と絡めると旨味がアップ

b

ほのかな甘さ、伸びるチーズ…。何層も楽しさが詰まった料理

冷蔵 2日
冷凍 1カ月

肉巻きチーズドッグ

材料（16個分）

- Ⓐ ホットケーキミックス…200g
  - 卵…1個
  - 牛乳…小さじ1
- しゃぶしゃぶ用薄切り豚肉…8枚
- 塩こしょう…少々
- さけるタイプのスティックチーズ…2本
- 揚げ油…適量

作り方

1. Ⓐをすべて混ぜ合わせ、よくこねる。さけるタイプのスティックチーズは8等分に、薄切り肉は半分に切る(a)
2. チーズのまわりに塩こしょうをした豚肉を巻き、1の生地で包んで丸く形を整える(b)
3. フライパンに油を高さ1.5cm入れて中温に熱し、こんがりきつね色になるまで回しながら揚げる

ごはんさん memo

溶けるチーズではなくさけるタイプのスティックチーズを使うのがポイントです。パーティメニューとしても重宝です。

耳たぶくらいの柔らかさになればOK。手に油をつけるとこねやすい

しゃぶしゃぶ用の肉を使うと丸めやすく、火も通りやすい

> バターベースのソースがたまらない！ 冷めても美味しいので、たくさん作ってもらいます。
> （10歳、2歳女の子のママ）

ホクホクのさつまいも×甘〜いソースの鉄板メニュー

キャラメルポテト

冷蔵 5日
冷凍 1カ月

材料（4人分）

さつまいも…3本
菜種油…大さじ3
A 砂糖…大さじ3
　バター…30g
　水…大さじ2

作り方

1. さつまいもは一口大に切る
2. フライパンに**1**のさつまいもを入れ、菜種油と軽く絡めてから、蓋をして弱火で約10分蒸し焼きをする
3. さつまいもが柔らかくなったら蓋を取り、中火にする。表面に少し焦げ目がついたら、一旦取り出す（a）
4. **A**をフライパンに入れて強火にかけ、よくかき混ぜながらとろみがつくまで煮詰める
5. **3**のさつまいもを戻してよく絡める

ごはんさんmemo
キャラメルソースの香りにつられて、子どもたちが寄ってきます。リピート率ほぼ100％なのに、材料も時間も少しでOK！ ぜひ試してみてください。

蒸し焼きの後、中火で表面を焼くと、カリッとした食感に

a

サラダにも、おやつにも！

グリルかぼちゃとクリームチーズのサラダ

冷蔵 5日
冷凍 1カ月

材料(4人分)

かぼちゃ…½個
菜種油…大さじ2
クリームチーズ…72g
りんごジャム…大さじ3
スライスアーモンド…適量

作り方

1. かぼちゃを一口大に切る (a)
2. フライパンに油を入れる。皮目を上にして並べて、蓋をして弱火で約10分蒸し焼きにする
3. 柔らかくなったら蓋を取り、強火にして両面に焼き色をつけて火を止める
4. 小さくちぎったクリームチーズとりんごジャムを入れて、ざっくりとかき混ぜる
5. スライスアーモンドを振りかける

ごはんさんmemo
クリームチーズを入れる、混ぜるなど子どもたちと一緒に作りやすいメニューです。シナモン入りのりんごジャムを選ぶと大人仕様になりますよ。

ヘタから下に走る繊維に対して垂直に切るとスムーズ

a

クリームチーズとジャムの爽やかな甘さがお気に入り。お出かけのときには容器に入れて、おやつ代わりに！
(2歳、4歳女の子のママ)

半熟卵がとろ〜り
巣篭もりグラタン

冷蔵 2日
冷凍 ×

材料（4人分）

じゃがいも…3個
A
- ツナ缶…1缶
- コーン缶…大さじ2
- マヨネーズ…大さじ2
- にんにく（すりおろし）…小さじ⅓
- 塩こしょう…少々

卵…3個
ピザチーズ…適量

作り方

1. 鍋に水を入れ沸騰させた後に卵を入れて約7分ゆでて、半熟のゆで卵を作る
2. じゃがいもは皮をむき、一口大に切る
3. 鍋に**2**のじゃがいもと水（大さじ1）を入れ、蓋をして弱火で約10分蒸す(a)
4. じゃがいもが柔らかくなったら火を止めて熱いうちにつぶし、**A**をすべて混ぜ合わせる
5. 耐熱容器に**4**を敷き詰め、半分に切った**1**の卵を黄身を上にしてのせる(b)
6. ピザチーズをかけてオーブントースターで約5分焼く

ごはんさん memo

粗つぶしのポテトペーストにはツナやコーンなども入れて、いろいろな食感が楽しめるようになっています。パンにつけて食べるのもおすすめ。

じゃがいもを鍋で蒸すと甘みがアップ

a

ポテトペーストに卵を置くための凹みを作ると安定します

b

半熟卵とポテトペースト、焦げたチーズの組み合わせが◎
(10歳男の子のママ)

> ごはんにのせても美味しい！
> 我が家の冷凍庫には常にストックしてあります
> （6歳女の子のママ）

肉と野菜を無水で煮込み、旨味を凝縮

野菜たっぷりミートソーススパゲッティ

冷蔵 5日
冷凍 1カ月

材料(4人分)

にんじん…½本
玉ねぎ…1個
えのき…1袋
ピーマン…2個
豚挽肉…300g
油…大さじ½
Ⓐ ホールトマト缶…1缶(400g)
　ケチャップ…大さじ3
　ウスターソース…大さじ2
　洋風スープの素(顆粒)…小さじ1
　ローリエ…2枚
塩こしょう…少々
スパゲッティ…260g

作り方

1. にんじん、玉ねぎ、ピーマンを5mmの角切りに、えのきは2mm幅に刻む
2. フライパンに油をひき、挽肉を炒める。色が変わったら1を入れて混ぜてから、蓋をして約10分弱火で蒸す(a)
3. 野菜から水分が出てきたら、Ⓐを入れて木ベラでトマトを荒くつぶしてからかき混ぜる。蓋を外して中火で水分を飛ばしながら炒める
4. とろみが出てきたら、塩こしょうで味を整える
5. ゆで上がったスパゲッティにかける

ごはんさん memo

たくさんの野菜を使って作るミートソースは自然の旨味が凝縮したやさしい味わい。オーダー率3位以内に入る大人気メニューです。

いつものスープに、自然の甘みをほんのりプラス

お米のポタージュ

冷蔵 5日
冷凍 1カ月

材料(4人分)

にんじん…½本
パプリカ(赤)…1個
玉ねぎ…1個
炊いたごはん…100g
水…100cc
牛乳…300cc
塩麹…大さじ1

作り方

1. にんじんは薄く輪切りに、パプリカと玉ねぎは半分に切り縦に薄切りにする
2. 鍋底に塩をひとつまみふった後、パプリカ、玉ねぎ、にんじん、ごはんの順に重ねて入れる。上からさらにひとつまみの塩をふり、蓋をして弱火で約10分煮込む
3. 野菜が柔らかくなったら全体を軽く混ぜ(a)、水を加えてフードプロセッサーなどで滑らかになるまで撹拌する
4. 牛乳を入れ、沸騰させないように弱火で温める。最後に塩麹を入れてひと混ぜしたら火を止める

ごはんさんmemo

お米を繋ぎで使うと、とろみと甘さがアップします。ごはんも野菜もこれ一杯で摂れるので朝ごはんにもおすすめです。

野菜から水分がたっぷり

a

普段はお米を食べない娘が気づかずにたくさん飲んでいます！
(2歳女の子のママ)

牛乳たっぷりのクリーミーな味！ 子どもたちはお皿まで舐めています
（3歳、5歳男の子のママ）

脱"照り焼き"したい方へ

手羽元のカレークリーム煮

冷蔵 5日
冷凍 1カ月

材料（8本分）

鶏の手羽元…8本　玉ねぎ…½個
にんじん…½本　パプリカ（赤）…¼個
いんげん…4本
オリーブオイル…大さじ1
Ⓐ 小麦粉…大さじ1
　バター…10g
　カレー粉…小さじ⅓
　オイスターソース…小さじ½
　洋風スープの素（顆粒）…小さじ1
牛乳…200cc

作り方

1. 鶏の手羽元は骨に沿って切り込みを入れ、塩こしょう（分量外ひとつまみ）をふる(a)
2. 玉ねぎ、にんじん、パプリカ、いんげんは5mmの角切りにする
3. フライパンにオリーブオイルを入れて中火で熱し、手羽元の表面に焦げ目がつくように転がしながら焼く。2の野菜を入れて、蓋をして約10分弱火で蒸す
4. Ⓐを入れてかき混ぜた後、牛乳を3回に分けて入れてその都度よくかき混ぜる。ソースにとろみがついたらお皿に盛る

ごはんさん Memo

照り焼きにしがちな手羽元を、子どもが大好きなカレークリームで煮込みました！ カレー粉はオイスターソースと合わせるとマイルドに。

切り込みを入れると、骨から肉がはずれやすく食べやすい

外カリッ中フワッ！ ポテトの旨味を封じ込めた

じゃがいものガレット

冷蔵 3日
冷凍 ×

材料(4人分)

じゃがいも…5個
A 粉チーズ…大さじ2
　ピザチーズ…大さじ2
　塩こしょう…ひとつまみ
油…大さじ1
粉パセリ…適量

作り方

1. じゃがいもを細めの千切りにする（この後、水にさらさないのがポイント）
2. ボウルに1のじゃがいもとAを入れ、よくかき混ぜる
3. フライパンに油を入れて、弱火にかけ、2を入れる
4. フライ返しでギュッと押し付けながら約10分(a)、焼き色をつけて、裏面が固まったらひっくり返す
5. 逆の面も同じように焼き色をつける

ごはんさんMemo
じゃがいものホクホク感と、カリッと焼いた香ばしさを両方楽しめるガレット。味付けは塩こしょうのみ。お好みでカレー粉やソーセージを入れても◎。

フライ返しでギュッと押し付けるようにすると、しっかりと固まります

娘はお誕生日にケーキではなく、ガレットをリクエストするほど大好き！
(3歳女の子のママ)

いつもキロ単位でお願いしている唐揚げ。上新粉たっぷりのもちもち感がたまらない
(8歳、7歳、4歳 男の子のママ)

上新粉と片栗粉で揚げる新食感が大人気!

もちもち唐揚げ

冷蔵 3日
冷凍 ×

材料(4人分)

鶏もも肉…600g
Ⓐ 醤油…大さじ2
　 はちみつ…大さじ2
　 塩麹…大さじ2
　 にんにく(すりおろし)…大さじ1
片栗粉…大さじ2
上新粉…大さじ4
揚げ油…適量

作り方

1. 鶏肉は一口大に切る
2. Ⓐをボウルに入れて揉み込んでから、約20分寝かす (a)
3. 片栗粉と上新粉を混ぜ合わせて、鶏肉にまぶす
4. フライパンに高さ2〜3cm油を入れ中温に熱し、鶏肉を入れて上下に返しながら揚げる

ごはんさんmemo

揚げるそばから、子どもたちのつまみ食いが止まらない唐揚げ。冷めると一層もっちりなるので、お弁当にもぴったりです。

塩麹を揉み込んでおくとお肉が柔らかくなります

a

Part 2

シンプルな調理法でササッと作れる

3行レシピ

各ご家庭で料理しているとき、「残り時間あと少し！何かもう一品作りたい！」。そんなときに登場する3行レシピ。家事に、育児に、仕事にと忙しいママたちも同じような思いのときがきっとあるはず。材料も調理法もシンプルですが、このようなメニューのほうが実は子どもに大好評だったりします。数年間作り続けている殿堂入りのレシピです。

焦げたチーズとクリーミーなアボカドが相性抜群！

アボカドボートグラタン

| 冷蔵 | 当日 |
| 冷凍 | × |

材料（4人分）

アボカド…2個
Ⓐ コーン缶…大さじ2
　マヨネーズ…大さじ2
　にんにく（すりおろし）…小さじ½
ピザチーズ…適量
乾燥パン粉…ふたつまみ

作り方

1. アボカドは半分にして実の部分をスプーンでくり抜き(a)、Ⓐを混ぜ合わせる
2. **1**をくり抜いた皮に戻し、ピザチーズとパン粉をかける
3. オーブントースターで約7分、焦げ目がつくまで焼く

ごはんさんmemo

パン粉のサクッとした食感がアクセントになり、最後まで美味しくいただけます。アボカドの皮を容器にすると洗い物も少なくてすみますよ。

スプーンをくるりと回すと、実がきれいに取れます

a

甘辛ダレがたまりません。食べ出すと親も子も止まらなくなります
(9歳、5歳男の子のママ)

給食の人気メニューをアレンジ
大豆とじゃこの甘辛揚げ

冷蔵 3日
冷凍 1カ月

材料（4人分）

- 大豆水煮…300g
- じゃこ…100g
- 片栗粉…適量
- 油…適量
- A
  - 醤油…大さじ2
  - 砂糖…大さじ2
  - 水…小さじ1

作り方

1. 油をフライパンにひき、中強火でじゃこをカリッとするまで揚げ焼きし、一旦取り出す
2. 片栗粉をまぶした大豆を中強火できつね色になるまで揚げ焼きしてから(a)、1をフライパンに戻す
3. 混ぜ合わせたタレAを入れ、熱いうちに強火で煮詰める

ごはんさんmemo

じゃこのカリッと感、大豆のサクッと感が楽しいひと品。給食調理師時代の人気メニューをアレンジ、世代を超えて親しまれる味付けです。

くっつきやすい大豆は、ほぐすようにフライパンに投入

揚げるそばから手が伸びてくる！

青のりポテト

冷蔵 3日
冷凍 1カ月

材料(4人分)

じゃがいも…4個
A 青のり…小さじ1
　バター…10g
　塩…ひとつまみ
揚げ油…適量

作り方

1. じゃがいもを細切りにする
2. フライパンに油を高さ1〜2cm入れ中高温に熱し、じゃがいもを3回に分けて入れ約5分ずつ揚げ、カラッとしたら取り出す
3. 揚げたじゃがいもとAを軽くあえる(a)

ごはんさんmemo

青のりの代わりに粒状コンソメ(小さじ½)を混ぜても美味しいです。たくさん揚げて、いろいろな味を楽しんでください。

揚げたての熱いうちに絡めて

a

市販のものより数倍美味しい。数分でお皿が空っぽに！
(5歳男の子、2歳女の子のママ)

蓮根を和風で食べることが多い我が家。バター味が新鮮です！
（5歳男の子のママ）

シャキシャキ蓮根をバター醤油で

蓮根と厚切りベーコンのバターソテー

冷蔵 5日
冷凍 ×

材料（4人分）

蓮根…300g
厚切りベーコン…50g
油…適量
バター…10g
醤油…小さじ1
塩…適量

作り方

1. 蓮根は半分に切り、皮付きのまま2mmの薄切り、ベーコンは1cm幅に切る
2. フライパンに油を熱し、ベーコンがこんがりするまで弱火で炒める
3. 蓮根を加えて中火で炒め(a)、全体に火が通ったらバターと醤油を入れ、塩で味を整える

ごはんさんmemo

蓮根の煮物が苦手なお子さんにも大好き！と言っていただくメニューです。同じ素材でも歯ごたえや味によって好みが変わるんだな〜と感じます。

蓮根は炒め過ぎず、シャキシャキの食感を残して

具材をいろいろ変えて、パーティーにも!

三角揚げ焼きしゅうまい

冷蔵 3日
冷凍 1カ月

材料（12個分）

シュウマイの皮…12枚
ピザチーズ…30g
ケチャップ…適量
揚げ油…適量

作り方

1 シュウマイの皮にピザ用チーズとケチャップをのせる
2 端に水を指でつけ、三角形に折りたたむ(a)
3 フライパンに油を高さ5mm入れ、中高温に熱し、こんがりきつね色になるまで揚げ焼きする

ごはんさん memo

コーンや枝豆など、中に入れる具をいろいろ試してみてください。チョコやバナナなどを入れてスイーツ代わりにしても！

ピザ用チーズは2〜3g程度と少なめに

a

パリッと皮のなかにはとろ〜りチーズ！ 子どもと一緒に作れる手軽さが◎
（6歳女の子のママ）

> ねっとり感とカリッと感が両方味わえる。里芋の購入回数が増えました
> (8歳男の子のママ)

フライドポテトを越えるほどリクエスト多数！

里芋の唐揚げ

冷蔵 3日
冷凍 ×

材料(4人分)

里芋…8個
片栗粉…適量
揚げ油…大さじ2
塩…ひとつまみ

作り方

1. 里芋の皮をむいて1口大に切り、片栗粉をまぶす
2. 弱火で両面約8分揚げ焼きにする(a)
3. 塩をふる

ごはんさんmemo

里芋を揚げるだけの簡単レシピですが、新鮮な食感と味が好評です。ゆかりや青のりをまぶすのもおすすめ。

油の量は里芋の表面が油に浸かる程度でOK

a

生で食べるよりトマトが甘く変身！

冷蔵 3日
冷凍 ×

ふわふわ卵とトマトの炒めもの

材料（4人分）

卵…4個
トマト…2個
オリーブオイル…適量
塩…ひとつまみ

作り方

1. トマトを大きめの一口大に切る
2. フライパンにオリーブオイルをひき、中火で熱し、トマトを炒めて塩をふる
3. 卵を割り入れ、大きくかき混ぜながら火を通す(a)

ごはんさん memo

レシピを聞かれる回数が多いメニューのひとつ。味付けは塩のみですが、トマトから出る水分を吸ったまろやかな卵が人気の秘密です。

フライパンを手前側に傾けて、トマトから出た水分と卵を混ぜ合わせるのがコツ

食が進みにくい朝もパクパク食べてくれます。朝食登場回数最多メニュー
(3歳、5歳女の子のママ)

> じゃがいもの細切りを大根と勘違いしている我が子。「美味しいほうの大根サラダ！」と毎回ごはんさんにオーダー
> （4歳男の子のママ）

新食感がうれしい！
シャキシャキポテトサラダ

冷蔵 2日
冷凍 ×

材料（4人分）

じゃがいも…3個
Ⓐ たらこ…1本
　マヨネーズ…大さじ3
　粉チーズ…大さじ1
　塩こしょう…適量

作り方

1. じゃがいもを細めの千切りにして水にさらす
2. 沸騰させたお湯で **1** を約1分ゆで、すぐにざるにあけて粗熱を取っておく(a)
3. 合わせたⒶに **2** を絡めて完成

ごはんさん memo

たらこマヨソースは粉チーズを加えるとマイルドになり、子ども好みに。マッシュポテトやスティック野菜のディップにも使えます。

じゃがいもは食感が残る程度にさっと湯がく

a

Part 3

ママの悩みを解決する
肉レシピ

ミートボールやチキンナゲット、メンチカツ…。子どもはお肉が大好物。
だからこそここで紹介するのは単なる肉料理のレシピではありません。
野菜をたくさん混ぜ込んだミートボールや
おやつ代わりにもなる豚ごま揚などなど、
普段ママたちのリクエストや悩みから生まれた
とっておきのメニューです。

野菜の旨みが溶け込んだスープと一緒に

ミートボールのトマト煮

冷蔵 5日
冷凍 1カ月

材料（4人分）

合挽肉…200g
玉ねぎ（ミートボール用）…½個
塩こしょう…少々
オリーブオイル…大さじ½
にんじん（煮込み用）…½本
いんげん（煮込み用）…8本
玉ねぎ（煮込み用）…½個
Ⓐ ホールトマト缶…1缶（400g）
　 バター…10g
　 洋風スープの素（固形）…1個
　 ローリエ…1枚

作り方

1. ミートボール用の玉ねぎはみじん切り、煮込み用の野菜はすべて1cm角に切る
2. 鍋にオリーブオイルを入れて中火で熱し、煮込み用の野菜を炒め、全体に油が回ったら蓋をして弱火で約5分蒸す(a)
3. ボウルに挽肉とみじん切りにした玉ねぎ、塩こしょうを入れてよくこね、一口大の大きさに丸める
4. 煮込み用の野菜の上にミートボールをのせ(b)、その上からⒶを入れてホールトマトを軽くつぶしてから蓋をして、約20分弱火で煮込む

ごはんさんmemo

クリスマスやパーティに依頼が多いメニューです。煮込む野菜を型抜きしたり、雪に見立てて粉チーズをふると見た目もかわいいですよ。

蒸すだけで野菜から水分がたくさん出ます

お肉の旨みが、下に敷いた野菜にも染み込んで深みアップ

とろ〜り卵と甘辛ダレでリピート必須

ゆで卵の肉巻き

冷蔵 2日
冷凍 ×

材料（4人分）

卵…4個
豚バラ肉…8枚
片栗粉…適量
油…大さじ½
Ⓐ 醤油…大さじ1
　みりん…大さじ1
　生姜（すりおろし）…小さじ½
　にんにく（すりおろし）…小さじ½

作り方

1. 鍋に水を入れて沸騰させ、卵を入れて7分加熱する(a)。冷水にとり、粗熱をとった後、卵の皮をむく
2. 豚バラ肉を1枚ずつ広げ、塩こしょう（分量外適量）をふる。ゆで卵の広い面にクルクルと肉を巻きつけ(b)、最後に両端の隙間を覆うように縦に巻く。片栗粉を全体にまぶす
3. フライパンに油をひき、中火で熱し、卵を転がしながら肉に焼き色をつけた後、蓋をして弱火で約3分蒸す
4. Ⓐを入れて中火にしてタレを煮詰め、卵にタレを絡めたらお皿に盛る

ごはんさんmemo

甘辛ダレと半熟卵のコンビはごはんにとってもよく合います。子どもからもパパからも人気があるので、卵1パック分作ることもしばしば。

沸騰したお湯で約7分ゆでると半熟卵に

しゃぶしゃぶ用の肉を使うと巻きやすい

大きな口を開けてかぶりつき、なかからとろ〜り卵が出てきたときはとっても嬉しそう
（5歳男の子、4歳女の子のママ）

中にはごぼうがいっぱい！ シャキシャキの歯ごたえが楽しいみたい
（4歳女の子のママ）

食感も楽しい

ごぼうぎっしりメンチカツ

冷蔵	3日
冷凍	1カ月

材料（10個分）

合挽肉…200g
塩…ひとつまみ
A 卵…1個
　パン粉…大さじ2
　ケチャップ…大さじ1
　中濃ソース…大さじ1
ごぼう…½本
B 卵（衣用）…1個
　小麦粉（衣用）…大さじ2
パン粉（衣用）…適量　揚げ油…適量

作り方

1. ごぼうは皮の表面の汚れを水で落とし、細かいささがきにする
2. フライパンに油をひき中火で熱し、ごぼうを炒め、色づいてしんなりしたら粗熱を取る
3. ボウルに冷蔵庫から出したばかりの合挽肉と塩を入れ、手早く混ぜて粘りを出す。そこへ**A**とごぼうを入れてよく混ぜたら(a)、10等分にして丸く成形する
4. 混ぜておいた**B**にくぐらせてからパン粉をまぶす
5. フライパンに高さ2cmの油を入れ中温に熱し、タネを入れて時々返しながら約5分揚げる

ごはんさんmemo

玉ねぎのみじん切りより、ごぼうのささがきのほうが時間の短縮になると、何度も作るママが多くいらっしゃいます。ハンバーグのタネにもおすすめ。

ケチャップとソースがごぼうの旨みを引き立てます

a

インドネシアのサテを子ども好みに！

エスニック風焼鳥

| 冷蔵 | 3日 |
| 冷凍 | 1カ月 |

材料(10本分)

鶏もも肉…2枚(500g)
- Ⓐ 醤油…大さじ2
- みりん…大さじ2
- 酒…大さじ1

油…小さじ1
- Ⓑ ピーナッツバター…大さじ2
- 醤油…小さじ1
- ケチャップ…小さじ1
- にんにく(すりおろし)…小さじ1/3
- 水…小さじ1

作り方

1. 鶏もも肉は一口大に切り、Ⓐをよく揉み込んで約20分漬け込む
2. 漬け込んだ肉を食べやすいように竹串にさす(a)
3. フライパンに油をひいて2の串を並べ、転がしながら弱火で約10分焼く。焼き色がついたら、あえておいたタレⒷをかける

ごはんさんmemo
リクエストの多い"子どもも食べられるエスニック料理"。インドネシアの焼鳥・サテを、家庭で作りやすいようアレンジしました。

一番厚みのある真ん中あたりをグッと竹串に刺して (a)

ピーナッツソースが大好きな息子は、食べた後のお皿も舐めています
(9歳、6歳男の子のママ)

塩麹に漬けた柔らか肉を、人気No.1ソースで絡めて

鶏むね肉の唐揚げ オーロラソース

冷蔵 3日
冷凍 1カ月

材料(4人分)

鶏むね肉…2枚(400g)
塩麹…大さじ2
片栗粉…適量
Ⓐ ケチャップ…大さじ2
　 マヨネーズ…大さじ2
　 練乳…小さじ1
揚げ油…適量

作り方

1. 一口大に切った鶏肉と塩麹を入れ、揉み込んで15分以上おく(a)
2. *1*の鶏肉に片栗粉を全体に薄くまぶす
3. ボウルにⒶを入れてオーロラソースを作る(b)
4. フライパンに高さ1mm油を入れ、中温に熱し、鶏肉を入れる。約5分焼いたらひっくり返して、反対側も約5分焼く。竹串で刺して、透明な肉汁が出てくれば火を止める
5. 余分な油をペーパータオルで吸い取り、オーロラソースをフライパンに入れてざっくりとあえる

ごはんさんmemo

パン屋さんで使われることが多い、練乳入りのオーロラソース。やさしい甘さがチキンにマッチして、お子さんもやみつきに。

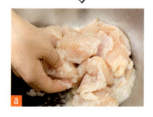

塩麹を入れて揉み込むと、肉がふんわりと

a

ソースに練乳を入れると味がまろやかになります

b

たくさんの野菜をお肉に混ぜ込んで作ってくれるので嬉しい！
(9歳、8歳女の子のママ)

豆腐のふんわり感がたまらない
ふわふわチキンナゲット

冷蔵 5日
冷凍 1カ月

材料(4人分)

鶏挽肉…200g
玉ねぎ…¼個
小松菜…1株
にんじん…⅓本
木綿豆腐…½丁
片栗粉…大さじ1
醤油…小さじ1　揚げ油…適量

作り方

1. 豆腐はペーパータオルに包み、上からお皿などで重石をして約30分、水切りする。玉ねぎ、小松菜はみじん切りに、にんじんはすりおろす
2. ボウルにすべての材料を入れてよくこねる
3. フライパンに油を高さ2cm入れ、中温に熱し、スプーンを使って一口大にしてからそっとタネを落とし入れる(a)。時々返しながら、約5分揚げる

ごはんさんmemo
豆腐を使ったふわふわジューシーなナゲット。お野菜嫌いなお子さんも、これならパクパク食べてくれます。コーンや枝豆を入れても◎。

柔らかすぎて手で丸められないため、スプーンを使って

46

ほんのり酸味の効いたソースが新鮮!

| 冷蔵 | 3日 |
| 冷凍 | 1カ月 |

甘辛チキン

材料(4人分)

鶏もも肉…2枚(500g)
- A 醤油…大さじ2
  - みりん…大さじ2
  - 酒…大さじ1
  - 生姜(すりおろし)…小さじ1

片栗粉…適量　醤油…大さじ1
揚げ油…適量
- B ねぎ(みじん切り)…大さじ2
  - はちみつ…大さじ1
  - 酢…小½

白ごま…お好みで

作り方

1. 鶏もも肉を入れたポリ袋に A を入れて揉み込み、約20分寝かせて、片栗粉をたっぷりとまぶす
2. フライパンに油を高さ1mm入れ、中温に熱し、鶏もも肉を皮目から入れて約5分焼く (a)
3. ひっくり返したら蓋をして、弱火で約10分焼き、中までしっかり火を通す。その後、蓋を外して強火で表面を焼いてカリッとしたら、食べやすい大きさに切り分けてお皿に盛る
4. フライパンを弱火で熱し、B を入れて混ぜ合わせ、煮立ったら火を止める。できたタレを 3 のお皿にかける

ごはんさん memo

大きな唐揚げみたい!と喜んでいただくことが多いレシピ。上から卵ペーストをかけてチキン南蛮のようにしても美味しいですよ。

フライ返してギュッと押しつけるとパリッと皮に

a

甘酸っぱいタレは子どもウケ抜群。照り焼きになりがちだったソースの代わりが見つかりました
(8歳男の子のママ)

47

ごまの食感が大好きな娘。お菓子よりも豚ごまをせがむほど、お気に入り
(8歳、5歳女の子のママ)

スナック感覚でポリポリ進む
カリッと豚ごま揚げ

冷蔵 3日
冷凍 1カ月

材料(4人分)

豚こま切れ肉…200g
Ⓐ 醤油…大さじ1
　 はちみつ…大さじ1
　 にんにく(すりおろし)…小さじ½
片栗粉…大さじ2
揚げ油…適量
白ごま…大さじ1

作り方

1. ボウルに豚こま切れ肉とⒶを入れ(a)、ざっと揉み込んで約30分寝かせる
2. ボウルに片栗粉とごまを混ぜておき、1の肉を入れて手でざっとかき混ぜる
3. フライパンに高さ1.5mmの油を入れ、中温に熱し、一枚ずつ豚肉を入れる。時々菜箸で返しながら約1分、色よく揚がったらお皿に盛る

ごはんさんmemo
薄い豚肉を使うとポリポリ感が増し、厚みのある肉だとジューシーに仕上がります。いろいろ試してお好みを見つけてみてくださいね。

はちみつを入れると肉も柔らかくなり、まろやかに

a

Part 4

ワンパターンな調理法から脱出！
魚レシピ

「魚レシピが知りたい」というリクエストは、
ママたちからよくいただきます。調理法がワンパターンになりがちだし、
「生臭い、パサパサする…」などの理由から口にしない子もたくさん。
でも、魚って少し手を加えるだけで旨みも印象もグンとアップします。
今までの魚料理とは味付けも見た目も異なる、
リピートの多い魚メニューです。

たっぷりアーモンドが決め手

アジのサクッとフリッター

| 冷蔵 | 3日 |
| 冷凍 | 1カ月 |

材料（4人分）

アジ切り身…4枚
Ⓐ 卵…1個
　小麦粉…大さじ1
　塩…少々
Ⓑ スライスアーモンド…大さじ8
　パン粉…大さじ2
　粉チーズ…大さじ1
　乾燥パセリ…少々
揚げ油…適量

作り方

1 アジの切り身を半分に切り、塩（分量外ひとつまみ）をふって約10分おき、水気を拭く。ⒶとⒷは別のバットにそれぞれよく混ぜておく

2 アジをⒶにつけた後、Ⓑをたっぷりとまぶす(a)

3 フライパンに高さ2〜3cmの油を入れ、中温に熱して、2のアジを入れる。時々菜箸でひっくり返しながら、約2分揚げる(b)

ごはんさんmemo

アーモンドがたっぷりのった衣の見た目につられて、魚が苦手な子も「これ何？」と寄ってきます。思わずひと口！食べたら作戦成功。それ以来、大好物になった子も。

アーモンドはたっぷりとまぶしたほうが、食感もよく仕上がります

a

フライ返しの上に約1分アジを置いたままにすると、衣が崩れない

b

香ばしいアーモンドとふわっとアジのコンビがお気に入り
(10歳男の子、4歳女の子のママ)

食べやすいケチャマヨ味!
お子様海老チリ

| 冷蔵 | 3日 |
| 冷凍 | 1カ月 |

材料(4人分)

海老…12尾
片栗粉…適量
ごま油…大さじ2
玉ねぎ…½個
コーン缶…大さじ3
塩…少々
A ケチャップ…大さじ2
　　マヨネーズ…大さじ1
　　オイスターソース…小さじ1

作り方

1. 玉ねぎをみじん切りにする
2. 海老は背ワタを取って殻をむき、酒と片栗粉(分量外各小さじ1)をよく揉み込んでから(a)、流水できれいに洗う。水気をペーパータオルで拭いたら片栗粉をまぶす
3. フライパンにごま油をひき、中火に熱して、2の海老を揚げ焼きする。両面に焼き目がついたら一度取り出す
4. みじん切りした玉ねぎとコーンをフライパンに入れ中火で炒める。玉ねぎが柔らかくなったら、海老と**A**を入れて混ぜ合わせ(b)、塩で味を整える

ごはんさんmemo

海老チリを子どもが好きなケチャマヨ味でアレンジしました。海老は時間が経つと臭みが出るので、下ごしらえを丁寧に行いましょう。

下処理を丁寧に行うと生臭さがなくなります

a

海老を後から戻すとカリッと食感がそのままに

b

マヨネーズとケチャップのオーロラソースとカリッと揚がった海老の組み合わせは不動の人気！
（7歳女の子のママ）

はちみつが少し入ったまろやかソースのおかげで半生のまぐろが大好きになりました
(6歳男の子のママ)

バター醤油味にほんのり甘みを加えて！
ガーリックまぐろステーキ

冷蔵 当日
冷凍 ×

材料(4人分)

まぐろ刺し身…1サク(約200g)
バター…20g
- Ⓐ 醤油…大さじ2
  みりん…大さじ1
  はちみつ…小さじ1
  にんにく(すりおろし)…小さじ1
  水…大さじ2
にんにくチップ…適量

作り方

1. まぐろのサクに塩(分量外少々)をふり、冷蔵庫で約10分なじませる。ボウルに氷水をはる
2. フライパンにバターを入れて強火で熱し、まぐろを入れる。表面に焼き色がついたら、氷水をはったボウルに入れ、約10秒ひたす(a)
3. フライパンに合わせておいたⒶを入れ、軽く煮詰めてとろみをつけて、ソースを作る
4. 2のまぐろを薄切りにして、3のソースをかける

ごはんさんmemo
まぐろは少し熱を通すと、旨みが加わりとろけるような食感に。にんにくは香りもよく、食欲をそそりますが、刺激物なので量を調節しながらあげてください。

氷水でつけると身が引き締まり、きれいに切れます

a

こっくりとした甘酢ダレを絡めて、どうぞ

酢ぶり

冷蔵 3日
冷凍 1カ月

材料(4人分)

- ぶり切り身…4枚
- 片栗粉…大さじ3
- ピーマン…2個
- パプリカ(赤)…⅛個
- にんじん…½本
- 玉ねぎ…½個
- 油…大さじ2
- Ⓐ 醤油…大さじ1
   みりん…大さじ2
   オイスターソース…大さじ1
   酢…小さじ1

作り方

1. ぶりは一口大に切り、塩(分量外少々)をふって約10分おく。出た水分をペーパータオルで拭き取ってから、片栗粉をまぶす
2. ピーマン、パプリカ、にんじんは太めの千切りにする。玉ねぎは半分に切って、5mmの薄切りにする。Ⓐは混ぜておく
3. フライパンに油をひき、中火に熱し、1のぶりを菜箸で時々ひっくり返しながら約3分揚げ焼きする(a)。表面に焼き色がついたら一旦取り出す
4. フライパンにピーマン、パプリカ、玉ねぎ、にんじんを入れ、中火で炒める
5. 野菜がしんなりとしたらⒶを加えてサッとあえる。その後、ぶりを戻して強火にしてタレと絡める

ごはんさんmemo　ぶりのパサパサ感と臭いを抑えるために、片栗粉をまぶして甘酢あんで包みました。酢豚ならぬ、酢ぶりです！ ぶりを鱈や鮭に変えても◎。

片栗粉をまぶして揚げ焼きすると、タレと絡みやすく！

a

初めてぶりを食べてくれました。感動！
(6歳男の子のママ)

香ばしい風味が食欲をそそる

鮭のねぎ味噌マヨ焼き

冷蔵 3日
冷凍 1カ月

材料(4人分)

鮭…4尾
ピザチーズ…適量
Ⓐ 長ねぎ…3cm
　醤油…小さじ1
　みりん…小さじ1
　味噌…大さじ1
　マヨネーズ…大さじ3

作り方

1. 鮭は一口大に切り、塩(分量外ひとつまみ)をふって約10分おく。水気をペーパータオルで拭く
2. 長ねぎをみじん切りにして、Ⓐを混ぜ合わせる(a)
3. 耐熱容器にクッキングシートを敷き、鮭、2の焼きタレとピザチーズをのせ(b)、オーブンで余熱なし180℃20分焼く。
   ※オーブントースターの場合は約10分。途中チーズが焦げてきたら、上からアルミホイルをかぶせる。

ごはんさんmemo

味噌とマヨネーズとチーズの最強の組み合わせで、親しみやすい味に。トースターでも手軽にできるので、時短にもなりますよ。

味噌はダマにならないよう、よくかき混ぜて

a

チーズを全体にまんべんなくふりかけます

b

> うちで「肉団子！」といったらコレ！ 毎回リクエストしています
> （5歳、3歳女の子のママ）

魚と気づかず、パクパク

まぐろ中華団子

冷蔵 3日
冷凍 1カ月

材料(4人分)

まぐろすき身…200g
玉ねぎ…½個
パプリカ（赤、黄）…⅛個ずつ
塩…ひとつまみ
片栗粉…大さじ2
油…大さじ1
A　砂糖…小さじ1
　　ケチャップ…大さじ1
　　ウスターソース…大さじ2
　　オイスターソース…小さじ1
　　片栗粉…小さじ1
白ごま、青ねぎ…お好みで

作り方

1. 玉ねぎはみじん切り、パプリカは5mmの角切りにする
2. 玉ねぎをフライパンに入れ、蓋をして弱火で約7分蒸し、柔らかくなったら取り出して粗熱を取る
3. ボウルにすき身と塩、2の玉ねぎを入れ、すき身が冷たいうちに手早く混ぜる。小判形に整形したら片栗粉を薄くまぶす
4. フライパンに油をひいて中火で熱し、3を約3分焼く。表面に焼き色がついたらひっくり返し、パプリカを入れる
5. 両面がきれいに焼けたら、あえておいたAを入れてとろみがつくまで煮詰める

ごはんさんmemo　お魚だと気づきにくいので、魚が苦手なお子さんにもオススメです。まぐろに慣れたら、他のお魚もミンチにしてトライしてみてくださいね。

58

Part 5

苦手な子も思わず完食!
野菜レシピ

子どもは苦手な野菜が複数種ある場合も多く、
放っておくと野菜不足になりがちです。細かく切ったり、
味付けや彩りを工夫したり…。試行錯誤を重ね、
自然と野菜がたくさん摂れるレシピを作りました。
「いつの間にか苦手な野菜を食べてた!」「倍の量を作って!」など、
子どもたちが笑顔になった野菜メニューをご紹介。

ほんのりカレー味が食欲をそそる

チリコンカン

冷蔵 5日
冷凍 1カ月

材料(4人分)

ミックスビーンズ…100g
玉ねぎ…½個
にんじん…1本
トマト…1個
豚挽肉…150g
オリーブオイル…大さじ1
Ⓐ ケチャップ…大さじ2
　 ウスターソース…大さじ2
　 カレー粉…小さじ½
　 洋風スープの素（顆粒）…小さじ1
塩こしょう…適量

作り方

1. 玉ねぎ、にんじん、トマトを8mmの角切りにする
2. フライパンにオリーブオイルをひき、中火で熱し、挽肉と玉ねぎを炒める。途中で塩を加えて、挽肉を色が変わるまで炒める
3. にんじんとトマト、ミックスビーンズを入れて軽く混ぜたら蓋をして弱火で約15分蒸す(a)
4. 野菜類が柔らかくなったら、Ⓐを入れて水分を飛ばすようにして炒め、塩こしょうで味を整える

ケチャップベースにちょっぴりカレー粉をプラス、子どもが大好きな味に仕上げました。苦手な野菜を刻んで入れても気づかれることが少なく、リピート率も8割を超える人気メニューです。

軽く混ぜたら蓋をしてじっくりと蒸しましょう

a

ごはんにかけて食べると、いつも3杯はおかわり！
(8歳女の子、5歳男の子のママ)

大好きな春雨と一緒にたくさんの野菜を
子ども版ヤムウンセン

冷蔵 3日
冷凍 ×

材料(4人分)

春雨…2袋(30g)
豚挽肉…100g
むき海老…8匹
きゅうり…1本
紫玉ねぎ…¼個
A 酢…大さじ1
　砂糖…大さじ1
　オイスターソース…大さじ1
　塩…ひとつまみ
　ごま油…大さじ2

作り方

1. きゅうりは千切りに、紫玉ねぎは薄切りにする
2. 沸騰した鍋にきゅうりと紫玉ねぎを入れて約30秒ゆで、ざるに上げて手で水気を絞る
3. 2の鍋で海老、春雨、豚挽肉をそれぞれ、約2分ゆでたらざるに上げて水気を切る。順番は海老の後に春雨、最後に豚挽肉をゆでる
4. ボウルに2と3の材料、Aを入れてざっとあえる(a)

ごはんさん memo

きゅうりはさっと火を通すと青臭さも抜けて、食感もよくなります。中華風のタレが絡んだ春雨と一緒にスルスル口に入れやすいメニューです。

春雨をよくほぐしながらあえると、味が染み込みやすく

> 今までキャベツをまったく食べなかったのに、このコールスローはおかわりが止まりません！
> （7歳男の子のママ）

コーンの食感と粉チーズのクリーミーさがたまらない
まろやかコールスロー

冷蔵 2日
冷凍 ×

材料（4人分）

キャベツ（小）…½玉
塩…小さじ1
コーン缶…1缶（180g）
A｜マヨネーズ…大さじ4
　｜粉チーズ…大さじ2
　｜砂糖…ひとつまみ

作り方

1. キャベツは千切りする(a)。塩をふって、軽く揉み込んで約20分おく
2. キャベツの水気を手で絞り、Aと汁気を切ったコーンを入れて混ぜ合わせる

ごはんさんmemo
キャベツを先に塩揉みしてから調味料とあえるため、味がしっかりと染み込みます。まろやかソースの秘密は、たっぷりの粉チーズ。キャベツ1玉分オーダーされることも。

キャベツは繊維に沿って縦に切ると、味が染み込みやすくなります

アジアの香りがする酸味の効いた甘辛ダレ

カラフル焼肉サラダ

| 冷蔵 | 当日 |
| 冷凍 | × |

材料(4人分)

牛肉…300g
リーフレタス…10枚
プチトマト…8個
紫玉ねぎ…½個
Ⓐ 醤油…大さじ2
　砂糖…大さじ1
　ごま油…大さじ1
　酢…小さじ1
　オイスターソース…小さじ1
　にんにく(すりおろし)…小さじ½

作り方

1. ボウルに牛肉と薄くスライスした紫玉ねぎ、Ⓐを入れて手で揉み込む
2. ¼の串切りにしたプチトマト、手で小さくちぎったレタスを別のボウルに入れる
3. フライパンを強火に熱し**1**を炒め、肉に火が通ったらタレごと**2**のボウルに入れてざっとあえる(a)

ごはんさんmemo
タイの牛肉サラダを食べやすいようにアレンジしました。豚肉や鶏肉にも応用がきくので、漬け込みタレの比率を覚えておくと便利です。

肉が熱いままあわせると、レタスにも熱が伝わり程よい食感に

少ししんなりしたレタスのシャキシャキ感が◎。ごはんの上にのせてモリモリ食べてます
(8歳男の子のママ)

なかには葉物野菜がたくさん
サラダ餃子

冷蔵 3日
冷凍 1カ月 (焼く前)

材料(4人分)

水菜…1株
小松菜…2株
ほうれん草…2株
合挽肉…150g
餃子の皮…25枚
- A 醤油…小さじ1
   ごま油…小さじ1
   オイスターソース…小さじ1
   ピザチーズ…大さじ2
   塩…ひとつまみ
ごま油…適量

作り方

1. 洗って水気を切った水菜、小松菜、ほうれん草をハサミで細かく刻む(a)
2. ボウルに合挽肉と*1*の野菜、Aを入れて、粘り気が出るまでよく練り混ぜる
3. 餃子の皮に大さじ1ほどタネをのせ、指で皮をグルリと半周分水をつけて重ね合わせる。端と端をさらに重ね合わせる(b)
4. フライパンにごま油を強火で熱し、皮目に焼き色をつけたら水(大さじ2)を加えて蓋をして約3分蒸し焼きにする。最後に蓋をとり、強火にして水気を飛ばす

ごはんさんmemo

お子さんでも簡単にできる餃子の包み方です。一緒に作ると、さらに美味しく感じてくれるみたいです。余った具は小さく丸めてお弁当用のハンバーグに◎

葉物野菜はできるだけ細かくハサミで刻みましょう

半分に折ってから端と端をくっつけるように包みます

口に入れるとなかから肉汁が溢れます。葉物野菜が入っていると気づかないみたい
(6歳、4歳男の子のママ)

なかにもぎっしり野菜が入っています！ふわふわ柔らかいので2歳の子どもにも！
（4歳、2歳女の子のママ）

素朴でホッとする味

冷めても美味しい蒸し豆腐

冷蔵 5日
冷凍 ×

材料（4人分）

- 木綿豆腐…½丁（200g）
- 乾燥ひじき…小さじ1
- にんじん…¼本
- 鶏挽肉…100g
- いんげん…3本
- 卵…6個
- ごま油…大さじ1
- Ⓐ 醤油…大さじ1
  - みりん…大さじ2
  - 砂糖…小さじ1
  - 塩…小さじ½

作り方

1. 豆腐はペーパータオルで包み、約30分水切りして、一口大にちぎる。ひじきは水で戻した後、ペーパータオルで水気を取る。にんじんは千切りした後、横にして半分に、いんげんは1mm幅に切る
2. フライパンにごま油を中火で熱し、鶏挽肉を炒める。色が変わったら、1をすべて入れて水分を飛ばしながら約5分炒める。にんじんが柔らかくなったらⒶを入れて混ぜ合わせ、火を止めて粗熱を取る
3. 2のフライパンに溶き卵を入れ、混ぜ合わせる
4. 耐熱容器にクッキングシートを敷き、3を流し込んでオーブンで余熱なし180℃約20分焼く

ごはんさんmemo

つかみ食べができるようになった幼児さんから、パパのヘルシーおつまみまで幅広い世代に人気のメニューです。ママ会では「大きなグラタン皿でたっぷりと」というオーダーをよくいただきます。

弾力が心地よく、ちゅるちゅる進む！

しらたきチャプチェ

冷蔵 3日
冷凍 ×

材料（4人分）

- しらたき…1袋（200g）
- 豚バラ肉…200g
- ピーマン…2個
- 玉ねぎ…1個
- パプリカ（赤、黄）…⅛個ずつ
- **A**
  - 醤油…大さじ2
  - 砂糖…大さじ2
  - ごま油…大さじ1
  - ケチャップ…小さじ1
  - オイスターソース…大さじ1
  - にんにく（すりおろし）…小さじ½
- ごま油（仕上げ用）…小さじ1
- 白ごま…お好みで

作り方

1. 食べやすい大きさに切った豚肉としらたきに**A**を混ぜ込んで、30分以上おく。玉ねぎは2mmの薄切りに、ピーマン、パプリカは千切りにする
2. フライパンに*1*の豚肉としらたきを入れ中火で炒める。肉に火が通ったら、*1*の野菜を入れて蓋をして弱火で約10分蒸す(a)
3. 蓋を取って強火にして汁気を煮詰めるように水分を飛ばしたら、ごま油を回しかける

ごはんさんmemo
肉としらたきに先に下味をつけておくと、炒めても水っぽくならずしっかり味がつきます。いろいろな野菜と相性がいいので、季節に合わせて、使う食材を変えて楽しんでください。

しらたきが大好きな息子。このメニューだとピーマンを食べます
（8歳男の子のママ）

> 子どもが
> とりこになる

野菜サラダがパクパク進む！
ディップ＆ソース

隠れた主役・ディップ＆ソースが美味しいと、野菜サラダがもっと好きになります。実際に訪れたご家庭の声を聞きながらやっとたどり着いた、子ども好みの味6つをご紹介！

子ども大好き野菜をペーストに
爽やか アボカドディップ

材料（作りやすい分量）

- アボカド…1個
- マヨネーズ…大さじ3
- レモン汁…小さじ$\frac{1}{3}$
- にんにく（すりおろし）…小さじ$\frac{1}{3}$
- 塩こしょう…適量

作り方

1. アボカドは包丁で皮の上から縦にぐるりと一周包丁で切れ目を入れ、両手でひねって半分にする。包丁の刃元で種を取り除き、果肉をスプーンでくり抜く
2. アボカドを木ベラでつぶしたら、他の材料をすべて混ぜ合わせる

練乳でほのかな甘みをプラス
まろやかオーロラソース

材料（作りやすい分量）

- マヨネーズ…大さじ4
- ケチャップ…大さじ3
- 練乳…小さじ1

作り方

材料すべてをお皿に入れ、スプーンで混ぜ合わせる

チーズたっぷりでクリーミー
つぶつぶ ブロッコリーディップ

材料（作りやすい分量）

ブロッコリー…4房
クリームチーズ…48g
マヨネーズ…大さじ3
塩こしょう…適量
にんにく（すりおろし）…小さじ⅓

作り方

1. クリームチーズを冷蔵庫から出し、常温に戻す。ブロッコリーは熱湯で約2分、硬めにゆでて、穂先から茎までみじん切りにする
2. クリームチーズをスプーンでよく練り、マヨネーズ、1のブロッコリー、にんにくを加えて塩こしょうで味を整える

最強コンビ！
カレー風味の マヨソース

材料（作りやすい分量）

カレー粉…小さじ⅓
マヨネーズ…大さじ6
オイスターソース…小さじ½
牛乳…大さじ1

作り方

材料すべてをお皿に入れ、スプーンで混ぜ合わせる

食感も楽しい和風味
すりおろし玉ねぎソース

材料（作りやすい分量）

玉ねぎ…1個
オリーブオイル…大さじ6
醤油…大さじ2
砂糖…大さじ2
お酢…大さじ1
塩こしょう…適量

作り方

1. フライパンにすりおろした玉ねぎを入れ、弱火で約5分炒める
2. 鍋に **1** の玉ねぎと調味料をすべて入れて、弱火で約3分よく混ぜ合わせる

粉チーズが隠し味！
まろやか卵ペースト

材料（作りやすい分量）

卵…6個
マヨネーズ…大さじ3
粉チーズ…大さじ1
塩こしょう…適量

作り方

1. 鍋に水を入れて沸騰させ、卵を入れて9分ゆでる
2. ゆで卵の殻をむき、白身をみじん切りにする
3. ゆで卵の黄身、**2** の白身、他の材料をお皿に入れて混ぜ合わせる

Part 6

4つのメニューにアレンジできる
おかずの素

子どものいるご家庭でリクエストの多い
「おかずの素BEST3」をご紹介。これさえ大量に作り置きしておけば、
ひと手間加えるだけで4つのメニューにアレンジ。
あと一品足りないときに役立つ救世主です。
野菜もお肉もバランスよくいただけて、
すべて冷凍保存がきくすぐれものです。

おかずの素 1

いつもフライパンいっぱいに作ってもらいますが、1週間でからっぽに！
（7歳男の子、6歳、4歳女の子のママ）

食材から出た水分だけでじっくり煮込む

野菜たっぷりドライカレー

冷蔵 5日　冷凍 1カ月

材料（4人分）

- 豚挽肉…300g
- 玉ねぎ(小)…1個
- にんじん(小)…1本
- なす…1本
- 油…大さじ½
- コーン缶…1缶(180g)
- にんにく(すりおろし)…小さじ1
- 生姜(すりおろし)…小さじ1
- Ⓐ
  - カレールー…2かけ
  - ケチャップ…大さじ2
  - ウスターソース…大さじ2
  - 醤油…小さじ1
  - オイスターソース…大さじ1

作り方

1. 玉ねぎ、にんじん、なすをすべて5mm角のみじん切りにする
2. フライパンに油をひき、中火で熱し、色が変わるまで挽肉を炒める
3. フライパンに1の野菜とコーン、にんにく、生姜を加えて軽く混ぜ合わせたら、蓋をして弱火で約15分蒸す (a)
4. 蓋を取ってⒶをすべて加えて中火にして炒める。汁気がなくなったら火を止める

ごはんさんmemo

どんな野菜とも相性がいいので、冷蔵庫に残っている野菜の整理にも使えるレシピ。みじん切りが大変なときは、すりおろしでも美味しくできますよ。

蓋をしてじっくりと蒸すと、野菜から水分が出ます

a

「野菜たっぷりドライカレー」が変身!

すべての具材を混ぜて焼くだけ!
ふわふわオムレツ

材料(4人分)

おかずの素「ドライカレー」…200g
卵…4個
ピザチーズ…30g
牛乳…100cc
油…大さじ½

作り方

1. ボウルに材料すべてを入れて混ぜ合わせる (a)
2. フライパンに油をひき、弱火に熱して、1を入れる
3. 蓋をして約15分蒸し焼きにする

ごはんさんmemo

牛乳を入れて蒸すため、できあがりはパンケーキのようにふわふわ! パンに挟んでオムレツサンドするのもおすすめです。

まんべんなく混ざるように大きくかき混ぜて

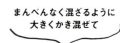

76

カリッと揚げた洋風餃子

具だくさんサモサ

「野菜たっぷりドライカレー」が変身!

材料(16個分)

おかずの素「ドライカレー」…120g
じゃがいも…1個
大豆水煮…30g
餃子の皮…16枚
揚げ油…適量

作り方

1. じゃがいもは7mmの角切りにする。鍋にお水を沸騰させ、じゃがいもを約5分ゆでる。竹串がスーッと刺さったらOK
2. おかずの素「ドライカレー」、ゆでたじゃがいも、大豆を混ぜ合わせて具を作る
3. 餃子の皮の真ん中に具材を置き、皮のまわりに指で水をつける。上から見て三角形になるように周囲の皮を中心に寄せる(a)
4. フライパンに高さ1〜2cmの油を入れ中高温で熱して、揚げ焼きする。途中何度かひっくり返し、全体的に色よく揚げる

ごはんさんmemo
じゃがいものホクホク感と皮のパリッと感が好評です。つまんで食べられるので、お子さんの補食としてお出かけ先に持っていくときも便利です。

2カ所指でつまみ同時に引き寄せるように

a

「野菜たっぷりドライカレー」が変身!

ホットサンドメーカーがなくても大丈夫

とろ〜りチーズのホットサンド

材料(4人分)
おかずの素「ドライカレー」…200g
ピザチーズ…大さじ4
食パン…8枚
バター…10g

作り方
1. 食パンの上に、ピザチーズ、おかずの素「ドライカレー」を重ね、さらにピザチーズをのせてから食パンでサンドする
2. パンの耳を切り落とす
3. フライパンにバターを熱し、1のサンドイッチを置いて上からペーパータオルをかぶせる。その上から鍋をのせて押し付けるようにして焼く(a)
4. 裏面に焼き色がついたらひっくり返して、表面も同様にして焼く

ごはんさんmemo
専用のメーカーなしで、簡単にホットサンドが作れるのでよく驚かれます。押し付けるようにして焼くので、チーズにも熱が伝わりとろ〜り!

鍋の中に水を入れると重し代わりになります

お弁当にもぴったり

スコップコロッケ

「野菜たっぷりドライカレー」が変身!

材料(4人分)

おかずの素「ドライカレー」… 200g
かぼちゃ… 200g
Ⓐ ケチャップ…大さじ1
　 中濃ソース…大さじ1
　 塩こしょう…適量
油…大さじ4
パン粉…大さじ4

作り方

1. かぼちゃは一口大に切る。鍋に水(分量外大さじ1)を入れて極弱火にかけて約10分蒸す
2. 蒸したかぼちゃを熱いうちに木ベラでつぶし、そこへおかずの素「ドライカレー」とⒶを入れてよく混ぜる
3. 2のペーストをココット皿に入れて表面を平らにならしておく
4. フライパンに油とパン粉を入れて軽く混ぜたら、中火にかけてカリカリのきつね色になるまでよく炒める(a)
5. 3の上にたっぷりとかける

ごはんさんmemo
ドライカレーに加え、ケチャップやソースも混ぜているので、後から調味料を足す必要がありません。

パン粉は手早く混ぜ、きつね色になり始めたらすぐに火からおろして

a

おかずの素 2

> 子ども好みのやさしい味です。このままでも充分メインのおかずに！
> （9歳、6歳男の子のママ）

玉ねぎをじっくり炒めてほっこり味に！

コンソメポークソテー

冷蔵 5日
冷凍 1カ月

材料（4人分）

豚こま切れ肉…300g
玉ねぎ（小）…2個
しめじ…150g
オリーブオイル…大さじ1
Ⓐ りんご（すりおろし）…1/8個
　にんにく（すりおろし）…1かけ
　コンソメキューブ…1個
塩こしょう…適量

作り方

1. 玉ねぎは5mmのスライスに、しめじは石づきを取りほぐす
2. フライパンにオリーブオイルをひき、中火で熱し、玉ねぎを透き通るまで炒める
3. 豚肉をほぐしながら入れて炒め、色が変わったらしめじとⒶを入れて軽く混ぜ、蓋をして弱火で約10分蒸す（a）
4. 中火で汁気を飛ばすように炒め、塩こしょうで味を整える

ごはんさんmemo
醤油やケチャップなど、調味料1つでガラリと印象が変わるポークソテー。ごはんを添えるとこれ一品で夕食が完結するので便利です。

すりおろしたりんごを入れると甘みがアップ！

カブとお豆のカラフル炒め

おかずの素
「コンソメポークソテー」が
4つのメニューに変身！

フレッシュトマトのハヤシライス

洋食屋さんの豚丼

やさしい甘さのポークケチャップ

「コンソメポークソテー」が変身!

ジューシーな酸味が子ども好み
フレッシュトマトのハヤシライス

材料(4人分)

おかずの素「ポークソテー」…300g
トマト…3個
Ⓐ ケチャップ…大さじ2
　中濃ソース…大さじ1
　バター…10g
　洋風スープの素(固形)…1個
塩こしょう…少々
炊いたごはん…1.5合

作り方

1. トマトはヘタをくり抜き、表面に包丁で十字を入れる (a)
2. 鍋におかずの素「ポークソテー」を入れ、その上にトマトをヘタのほうを下にしてのせる
3. 蓋をして約20分弱火で蒸す
4. トマトの皮を取り除いたらヘラでトマトをつぶし、Ⓐを入れてよくかき混ぜる。
5. 塩こしょうで味を整えたら、お皿にごはんと一緒に盛りつける

ごはんさん memo

フレッシュのトマトを使うと、缶詰より爽やかな味に仕上がるので子どもさんの食いつきが違います! ぜひ試してください。

湯むきせずに皮が簡単にむけます!

a

「コンソメポークソテー」が変身!

たくさんの野菜が一度に摂れる
カブとお豆のゴロゴロ炒め

材料(4人分)

おかずの素「ポークソテー」… 200g
パプリカ(黄)… ½個
カブ… 2個
いんげん… 3本
ミックスビーンズ… 100g
油… 大さじ½
Ⓐ ケチャップ… 大さじ2
　ウスターソース… 大さじ1
　醤油… 小さじ1
　はちみつ… 小さじ1

作り方

1. パプリカは1cmの角切り、カブは皮つきのまま8等分に串切りに、いんげんは5mm幅に切る
2. フライパンに油をひき中火で熱し、パプリカとカブ、いんげんを入れて、カブの表面に焦げ目がつくまで炒める
3. おかずの素「ポークソテー」、ミックスビーンズ、Ⓐを入れて中火で炒め合わせる (a)

ごはんさんmemo
カブは皮つきのまま炒めると、シャキッとした食感が楽しめます。野菜をたくさん入れると彩りもきれいに仕上がりますよ。

最後はさっと炒める程度でOK!

「コンソメポークソテー」が変身!

3ステップでできる時短メニュー
洋食屋さんの豚丼

材料(4人分)

おかずの素「ポークソテー」…300g
玉ねぎ…1個
油…大さじ1
A 醤油…大さじ2
　みりん…大さじ1
　砂糖…大さじ1
炊いたごはん…1.5合

作り方

1. 玉ねぎを半分に切り、5mm幅にスライスする
2. フライパンに油をひき、中火で熱し、玉ねぎを透き通るまで炒める (a)
3. おかずの素「ポークソテー」を入れて全体を混ぜ合わせ、Aを入れて煮詰めたらごはんの上に盛る

ごはんさんmemo

「ママ、お腹すいた!」の急なオーダーにもすぐに対応できる簡単ステップです。コンソメベースなので、和風だしよりもやさしい味わい♪

玉ねぎの食感が残る程度に炒めて

a

「コンソメポークソテー」が変身!

お弁当の人気メニュー!
やさしい甘さのポークケチャップ

材料(4人分)
おかずの素「ポークソテー」…300g
プチトマト…8個
- Ⓐ ケチャップ…大さじ2
  ウスターソース…大さじ1
  みりん…大さじ1
塩こしょう…適量

作り方
1. プチトマトを串切りにする
2. フライパンにおかずの素「ポークソテー」を入れて中火で温め、Ⓐを入れて汁気を飛ばす(a)
3. 最後にプチトマトを入れて全体を混ぜ合わせる

ごはんさんmemo　冷凍したおかずの素を使うときは、フライパンにそのまま出して蒸しながら解凍してください。キノコなどの野菜をさらに加えてもいいですね。

ケチャップは焦げやすいので炒め過ぎに注意

おかずの素 3

揚げても、他の野菜と炒めても合うので重宝しています。我が家の冷凍庫には必ずストックしています。
（8歳男の子のママ）

ごはんにかけるだけで食が進む！

旨みたっぷり肉味噌

冷蔵 5日
冷凍 1カ月

材料（4人分）

豚挽肉…300g
長ねぎ…1本
にんじん…1本
エリンギ…1パック（100g）
油…大さじ½
にんにく（すりおろし）…小さじ1
生姜（すりおろし）…小さじ1
Ⓐ 醤油…大さじ1
　味噌…大さじ2
　オイスターソース…大さじ1
　はちみつ…大さじ1
　ごま油…大さじ1

作り方

1. にんじんとエリンギはみじん切りに、長ねぎは小口切りにする
2. フライパンに油をひき、中火で熱し、挽肉を色が変わるまでよく炒める
3. フライパンに1の野菜と、にんにく、生姜を入れて、挽肉と軽く混ぜ合わせたら、蓋をして弱火で約10分蒸す
4. 野菜が柔らかくなったらⒶをすべて入れ、中火で混ぜ合わせる。水分が飛んだら火を止める（a）

memo 給食調理師時代の人気メニューを家庭で作りやすいようにアレンジ。余計な甘みを足さず、野菜自体の甘さを楽しめるレシピにしました。

ゆっくりと混ぜながら水分を飛ばすと野菜の甘みが出ます

a

おかずの素
「旨みたっぷり肉味噌」が
4つのメニューに変身！

シャキシャキ食感の回鍋肉

冷めてもパリパリ春巻き

クリーミー担々麺

辛くない麻婆豆腐

「旨みたっぷり肉味噌」が変身!

練りごまをたっぷり入れた豆乳スープがベース

クリーミー担々麺

材料(4人分)

おかずの素「肉味噌」…300g
中華麺…3玉
A 豆乳…400cc
　水…200cc
　練りごま…大さじ3
　中華だし…小さじ1
ごま油…小さじ2

作り方

1. 鍋におかずの素「肉味噌」100gとAを加えて、弱火で煮立たせないように温める(a)
2. 中華麺をゆでて、丼に盛る
3. 1のスープを丼に注ぎ、鍋で温めた残りの肉味噌を上からたっぷりかけ、最後にごま油をひと回しかける

ごはんさんmemo

練りごまたっぷりで、麺とよく絡むスープ。おかずの素を最後に加えることで味に深みが出ます。大人用にはラー油や糸唐辛子をどうぞ。

練りごまを入れるととろみが出ます

a

油っぽくなく、軽やかな味が好評

冷めてもパリパリ春巻き

「旨みたっぷり肉味噌」が変身！

材料（16個分）

おかずの素「肉味噌」…200g
春雨…10g
たけのこ水煮…½パック（150g）
春巻きの皮…4枚
水溶き小麦粉…適量
オリーブオイル…適量

作り方

1. 春雨はたっぷりの熱湯に入れて約2分ゆでて、ざるに上げて冷水にとり冷まし、みじん切りにする。たけのこも同様にみじん切りにする
2. おかずの素「肉味噌」と春雨とたけのこを混ぜ合わせる
3. 春巻きの皮を三角に半分に切り、具を大さじ1ずつのせる。まわりに水溶き小麦粉をつけながら手前の皮を折り、両端を内側に折り込んでからクルクルと端まで巻く。最後に、水溶き小麦粉を薄く塗ってくっつける（a）
4. フライパンに高さ2mmまでオリーブオイルを入れて中高温に熱し、約3分両面を揚げ焼きする。最後に強火にして、サッと揚げる

ごはんさんmemo
初めは中温でじっくりと、最後に高温で揚げると冷めてもパリッと美味しくいただけます。少量のオリーブオイルで揚げると軽やかに。

プレゼント包みの要領で成形して

a

a'

「旨みたっぷり肉味噌」が変身!

> ごはんにかけて丼にしても!

辛くない麻婆豆腐

材料(4人分)
おかずの素「肉味噌」…300g
木綿豆腐…1丁(400g)
A 醤油…小さじ1
　片栗粉…大さじ1
　水…大さじ2
ごま油…小さじ1

作り方
1. 豆腐をさいの目に切る
2. フライパンにおかずの素「肉味噌」を入れて中火で炒める。温まったら豆腐を入れて、蓋をして弱火で約5分蒸す
3. 蓋を取り、強火にして煮立ったら、混ぜておいたAを加える
4. とろみがついたらごま油を入れて(a)、火を止める

ごはんさんmemo
辛み調味料を省き、甜麺醤のまろやかな味をベースにした麻婆豆腐。ケチャップを入れると、さらに子ども好みの味になりますよ。

最後に香り付けにごま油を入れて
a

キャベツと炒めるだけ！
シャキシャキ食感の回鍋肉

「旨みたっぷり肉味噌」が変身！

材料(4人分)

おかずの素「肉味噌」…200g
キャベツ…1/4個
パプリカ(赤)…1/8個
ごま油…大さじ1

作り方

1. キャベツは2cmの短冊切りに、パプリカは5mm角に切る。
2. フライパンにおかずの素「肉味噌」とパプリカを入れ、上からキャベツを重ねて中火にかける
3. 大きく木ベラを動かして、混ぜ合わせる (a)
4. キャベツが緑色に変わったら強火にし、鍋肌からごま油を回し入れる

ごはんさん memo

回鍋肉はキャベツの食感がキー。キャベツを投入して2～3分そのままに。その後、ゆっくりと混ぜて水分を封じ込めてください。

キャベツの上に肉味噌をのせるように混ぜ合わせて

Part 7

野菜を無水で蒸すから旨み200%
魔法のスープ

　　　　私のスープは最初に野菜を無水で蒸してから、水や調味料を
　　　足して作ります。旬の野菜をミルフィーユのように層にしてじっくり蒸すと、
　　　　　素材のまろやかな甘みを存分に引き出すことができ、
　　　　調味料も最小限ですむのです。「苦手なものが入っているのに美味しい！」
　　　　「このスープだけは食べられる」と子どもさんたちから
　　　　いつしか"魔法のスープ"と呼んでもらえるようになりました。

魔法のスープ 5つのルール

1. 鍋の蓋に穴が開いてないものを選びましょう
   (※鍋の素材は土、鉄、セラミック、ステンレスなどがおすすめ)
2. 使う塩は自然塩を使いましょう
3. 野菜は皮のまま切って層にして重ねましょう
4. 蓋をして野菜の水分だけで煮込みましょう
   (※焦げ付きそうなときは差し水を)
5. 蓋をしたまま極弱火で約30〜40分煮込みましょう
   (※だし、アク抜き不要)

1 鍋底に塩をひとつまみふる。使う野菜をなるべく同じ大きさに切り、層にして重ね一番上にも塩をふる（野菜を層にして並べる）

2 加工肉、だし目的の手羽元などは最初から、それ以外の肉や魚介類は3のタイミングで入れる。蓋をして極弱火で30〜40分蒸す（蓋をして無水蒸しに）

3 野菜の水分が出たら蓋をとって全体をかき混ぜる（野菜から水分が出てかさが半分に）

4 作るスープに応じて、水や調味料を足す（スープの味付けを！）

朝食にも小腹が空いたときにも便利！

カラフルミネストローネ

冷蔵 5日
冷凍 1カ月

材料（4人分）

- トマト…1個
- いんげん…6本
- セロリ…½本
- 玉ねぎ…1個
- カブ…2個
- にんじん…½本
- ミックスビーンズ…100g
- ソーセージ…5本
- カブの葉…2株
- トマト缶…1缶（400g）
- 自然塩…適量
- 水…600cc
- オリーブオイル…大さじ1

作り方

1. 野菜をすべて1cm角に切る（カブ、にんじんも皮つきのまま切る）。ソーセージは5mmの輪切りにする。
2. 鍋底にひとつまみの塩をふりかけ、その上から野菜を同じ種類ずつ層にして入れ、上からひとつまみ塩をふる
3. 蓋をして弱火で約20分蒸し、鍋の間から蒸気がたって野菜から水分が出てきたら全体をかき混ぜる
4. トマト缶と水を入れてトマトをつぶし、再度蓋をして弱火で約20分煮込む。オリーブオイルを回し入れ、塩で味を整える

ごはんさんmemo
子どもさんがほぼ毎食食べるため、毎週大鍋2つ分のストックを作るお家もあるほど人気。トマト缶を入れる前の状態であれば冷凍保存ができるので便利です。

- ひとつまみの自然塩
- カブの葉
- ソーセージ
- ミックスビーンズ
- にんじん
- カブ
- 玉ねぎ
- セロリ
- いんげん
- トマト
- ひとつまみの自然塩

味付けは塩だけなのに、甘くて濃厚！

冷蔵 5日
冷凍 1カ月

チキンスープ

材料（4人分）

ピーマン … 3個
玉ねぎ … 1個
にんじん … 1本
大根 … 5cm
コーン缶 … 1缶
鶏もも肉 … 1枚
自然塩 … 適量
水 … 900cc
オリーブオイル … 大さじ1

作り方

1 野菜はすべて1cm角に切る。鶏肉は一口大に切って塩（分量外小さじ½）をふる

2 鍋底に塩をひとつまみふり、ピーマン、玉ねぎ、にんじん、大根、コーンを層にして入れ、上からひとつまみ塩をふる

3 蓋をして弱火で約20分蒸し、鍋の間から蒸気がたって野菜から水分が出てきたら全体をかき混ぜ、水と鶏肉を入れて再度蓋をして約20分弱火で煮込む

4 野菜が柔らかくなって、スープに透明感が出たらオリーブオイルを回し入れ、塩で味を整える

ごはんさん Memo

このチキンスープの作り方を覚えておくと、牛乳を入れてクリームスープにしたり、お味噌汁にしたりと、いろいろ応用ができます。

ひとつまみの自然塩

鶏もも肉
※煮込んで
20分後に入れる

コーン

大根

にんじん

玉ねぎ

ピーマン

ひとつまみの自然塩

風邪をひいているときもこれなら飲んでくれます。離乳食にも!
(5歳女の子、1歳男の子のママ)

身体の底から温まる

ほっこり味のサムゲタン

冷蔵 5日
冷凍 1カ月

材料(4人分)

鶏の手羽元…8本
椎茸…6枚
長ねぎ…2本
生姜…½かけ
にんにく…2かけ
ごぼう…½本
大根…⅓本
自然塩…適量
米…大さじ2
水…400cc
ごま油…大さじ1
塩麹…大さじ2

作り方

1. 大根は乱切り、長ねぎとごぼうは3mmの斜め切り、椎茸と生姜は2mmにスライスする。にんにくは皮をむいて薄切りにする。手羽元には塩（分量外ひとつまみ）をふり、約10分おいて水気を拭く
2. 鍋底に塩をふり、手羽元、椎茸、長ねぎ、生姜、にんにく、ごぼう、大根を層にして入れ、上からひとつまみ塩をふる
3. 蓋をして弱火で約20分蒸し、鍋の間から蒸気がたって野菜から水分が出てきたら全体をかき混ぜる。米と水を入れて再度蓋をして約30分弱火で煮込む
4. 米が崩れて全体にとろみが出てきたら、ごま油を回し入れ、塩麹で味を整える

ごはんさんmemo
丸鶏やもち米を使って作る本場のサムゲタンを手に入りやすい材料でアレンジ。生姜やにんにくも入り、飲むと身体のなかからポカポカと温まります。

ひとつまみの自然塩

大根
ごぼう
にんにく
生姜
長ねぎ
椎茸
手羽元
ひとつまみの自然塩

子どもがキッチンを覗きに来たら…
一緒にちょっと お料理して みませんか？

訪問調理師としてご家庭を訪れているなかで、好評をいただいているのが「子どもとお料理」するプログラムです。
一緒にキッチンに立つのは、3歳から高校生までさまざまです。
未就学児のお子さんは、"プチトマトのヘタを取る"、"レタスを千切る"などの初めて体験、小学生だとカレーやハンバーグを一緒に作り、中、高校生になると好きな人の話を聞きながらバレンタイン用のケーキ制作へと…。
内容も年齢に応じていろいろです。

料理することに興味を持つと、自然に食べることが大好きになります。だから、お子さんがキッチンに「何してるの?」とやってきたら、ぜひ「手伝ってみない?」と声をかけてみてください。初めて料理した体験や、楽しい！という気持ちは、食に対する気持ちを前向きにさせると感じています。それは親御さんにも伝染し、きっと楽しい食卓へと繋がっていきますよ。

「野菜のピーラーサラダ」
「いちごとりんごのジャム」
「手作りジャムを使ったケーキ」

ここで、ご紹介するレシピは料理が初めてというお子

100

さんに向けたものです。シンプルステップで、お子さんの〝できた！〟という達成感が味わえるものをピックアップしました。

ピーラーで野菜を薄切りにする、果物を煮る、ジャムをスポンジケーキに塗る。どれも簡単な作業ですが、お子さんはみんな真剣！
「にんじんの葉っぱを初めて見た」「ジャムって、フルーツを煮て作るんだ！」などなど、キッチンは驚きや発見、喜びなどの声で溢れるはずですよ。

料理に慣れてきたら、お手伝い内容も少しずつステップアップして、ぜひこの本のレシピも一緒に作ってみてください。工程のひとつでも、数分でも構いません。料理のひとコマを自分で作るということが、何よりの美味しくなる調味料です。

「一緒に作れば食事がもっと楽しく!」

スーッと切れる感覚に夢中!
ピーラーサラダ

材料(4人分)

にんじん…1/2本
大根…1/4本
ズッキーニ…1/2本
パプリカ(赤、黄)…1/4個
かぼちゃ…2、3切れ
ペコリス…2個
プチトマト…10個
ドレッシング
　オリーブオイル…大さじ2
　酢…大さじ1
　塩…適量
　砂糖…大さじ1

\ Start /
1 使う野菜のことを知ろう

料理の前のおしゃべりタイムが、素材について深く知る貴重な機会に

「野菜クイズ!これな〜んだ?」

ごはんさんmemo

包丁を使わずに作れるピーラーサラダ。小さいお子さんでも安心して作れます。**カラフルな野菜を使うと、見栄えがするひと皿に。**

3 ピーラーで薄切りにしよう

大根、にんじん、ズッキーニをピーラーで薄切りにする。初めての場合は、大根やズッキーニなど柔らかいものからスタート。食材をまな板の上に置き、片手で野菜を抑えてピーラーを滑らせる

「きれいにできた!」

2 洗って皮むきをしよう

使う野菜を水洗いして、大根、にんじん、ペコリスの皮をむく。大根など皮が厚いものは大人が行って。子どもは水で野菜を洗ったり、皮をむいたりするのが大好き。工作感覚で集中する子も続出

「皮むきに夢中!5個目に突入」

102

5 盛り付けをしよう

ピーラーで薄切りにした野菜を思い思いにのせる。プチトマトや炒めたベコリスとかぼちゃ、輪切りにしたパプリカなども、トッピングして、ドレッシングをかける

4 ドレッシングを作ろう

ドレッシングの材料をお皿に入れて混ぜ合わせる。材料同士を混ぜ合わせると味が変わることなど、新しい発見が！

やさしい甘さが広がる
いちごとりんごのジャム

材料（300g）

いちご…300g
りんご…300g
砂糖…150g
レモン汁…小さじ1

\Start/

1 いちごのヘタをとって鍋に入れよう

いちごを水で洗ってヘタを取り、鍋に入れる

ごはんさんmemo
フルーツと砂糖を入れて煮るだけの簡単レシピです。キウイやブルーベリーなどいろいろな味を試してみるのもおすすめ。

「食べたいな〜」

2 いちごの上にりんごを重ねよう

一口大に切ったりんごを重ねる

3 砂糖を入れよう

上から砂糖を入れて、いちごとりんごと軽く混ぜ合わせて10分おく

「美味しそう！」

「きれいだね」

4 じっくりと弱火で煮よう

蓋をして弱火にかけ、沸騰してきたら蓋を取ってアクを取る。水分がなくなってきたら、焦げ付かないようにかき混ぜながら、好みの硬さまで煮詰める

ジャムの保存には、煮沸消毒した密封性の高い瓶を。冷蔵で2週間、冷凍で1カ月保存OK

＼クッキーにのせても／

止まらなくて、3個目！

どんな味かな？

作ったジャムを使って!
生クリームとベリーの スポンジケーキ

1 スポンジケーキに ジャムを塗ろう
\Start/

スポンジケーキにジャムを薄く塗る

材料(4人分)

市販のスポンジケーキ…2枚(240g)
クリームチーズ…36g
生クリーム…100cc
ブルーベリー…約20粒

ジャムの果肉がきれい

ごはんさんmemo
前ページで作ったジャムを使うと、上品な甘さに仕上がります。ジャムを塗ったり、生クリームを絞ったり、デコレーションを楽しんで。

3 ベリーをのせよう

ブルーベリーを水洗いして水気を取り、スポンジケーキの上にのせる

2 生クリームを絞ろう

よく練ったクリームチーズとホイップした生クリームを混ぜて、デコレーション

ケーキ屋さんみたいに少しずつ絞るよ

いろいろなフルーツをのせたいな

\大きなタルトにのせても!/

市販のタルト台に生クリームをのせ、その上にフルーツを敷き詰めてジャムをのせるのもおすすめ

いちごやベリーを上に敷き詰めて!

Part 8

ひと皿でごはんが完結！
丼 & 麺レシピ

休日の昼、料理する時間がない日の夜ごはんに、
一品で完結する丼ものや麺料理がササッと作れると便利です。
野菜もお肉もバランスよく摂取でき、
子どもが笑顔になるスターメニューが揃いました。
いつもとは少し変わった味が食べたいときにおすすめ、
ガパオライスやパッタイなどエスニック料理もラインナップ。

人気No.1スパゲッティをふんわり卵で包んだ

オムナポリタン

冷蔵 3日
冷凍 ×

材料（4人分）

スパゲッティ…200g
オリーブオイル…大さじ1
ピーマン…1個
にんじん…½本
ベーコン…50g
油…大さじ½
Ⓐ プロセスチーズ…25g
　ケチャップ…大さじ4
　中濃ソース…大さじ1
　塩こしょう…少々
油…適量（薄焼き卵用）
卵…6個
牛乳…大さじ2
塩こしょう…適量

作り方

1. スパゲッティは半分に折って規定の時間ゆでたら水気を切り、オリーブオイルを絡ませる
2. ピーマンとにんじんは1.5cmの短い千切り、ベーコンは5mm幅、プロセスチーズは荒くみじん切りにする
3. フライパンに油をひき、中火で熱し、ピーマンとにんじん、ベーコンを入れて炒める。野菜が柔らかくなったらⒶを入れざっくりと混ぜたら、1を入れて一緒に絡めてお皿に取り出す
4. 卵、牛乳、塩こしょうを混ぜ合わせる
5. フライパンに油をひき、弱火で熱し、4（¼の量）をゆっくりと流し込み、蓋をして蒸し焼きにする(a)
6. お皿の上にラップを敷き、4の卵の上にナポリタン（¼の量）を置き、包むように成形し、形がなじむまで約5分おく(b)

ごはんさんmemo

祖母に作り方を教えてもらい、小さなころから食べ続けているナポリタン。隠し味にプロセスチーズを入れています。コクが出るので冷めても美味しく仕上がります。

牛乳を入れた卵を蒸し焼きにするとしっとり、きれいに焼けます

薄焼き卵の手前と向こう側を折りたたむように包み込んで

濃厚でまろやか

バターチキンカレー

冷蔵 3日
冷凍 1カ月

材料(4人分)

鶏もも肉…2枚(500g)
玉ねぎ(小)…1個
- **A**
  - ヨーグルト…大さじ8
  - ケチャップ…大さじ2
  - カレー粉…小さじ1
  - にんにく(すりおろし)…小さじ1
  - 塩…ひとつまみ

油…大さじ1
ホールトマト缶…1缶(400g)
洋風スープの素(固形)…1個
バター…10g
牛乳…50cc
炊いたごはん…1.5合(バターライス用)
バター…5g(バターライス用)
ターメリックパウダー
　…小さじ⅓(バターライス用)

作り方

1. 鶏もも肉は一口大に切り、玉ねぎは5mm幅に薄切りする
2. ポリ袋に鶏もも肉と玉ねぎ、**A**を入れてよく揉み込み、2〜3時間冷蔵庫で寝かせる
3. フライパンに油をひき、中火で熱し、**2**を入れて鶏肉の両面を焼く。トマト缶と洋風スープの素を加えて蓋をして約20分煮込む(a)
4. バター、牛乳を加えて沸騰する直前まで温めたら火を止める
5. 炊いたごはんにバターとターメリックパウダーを混ぜて(b)お皿に盛り、カレーをかける

ごはんさんmemo

鶏肉をヨーグルトベースのソースで数時間寝かせることで、柔らかくまろやかな味になります。親子でリクエストの多いレシピです。

トマト缶を入れたら蓋をして蒸し煮すると、水分がたっぷりと出ます

a

ごはんが熱いうちにバターとターメリックパウダーをさっと混ぜて

b

ごはんさんのバターチキンカレーが美味しくて、子ども用にレシピを考えてもらいました。スパゲッティにかけても◎。
(6歳男の子のママ)

やさしい甘めのタレが食欲をそそり、ごはんが進みます。必ずおかわりするメニューのひとつ！
(7歳男の子のママ)

玉ねぎの水分だけでじっくり煮込んだ
無水牛丼

冷蔵 5日
冷凍 1カ月

材料(4人分)

牛肉…300g
玉ねぎ…2個
にんじん…½本
Ⓐ 醤油…大さじ2
　みりん…大さじ2
　味噌…大さじ1
　はちみつ…大さじ1

作り方

1. 玉ねぎとにんじんを千切りにし、牛肉はⒶを揉み込んで30分〜1時間おく(a)
2. 鍋底に玉ねぎを敷き詰め、その上に牛肉、にんじんの順に入れて蓋をして極弱火で約15分煮込む
3. 蓋を取って中火にし、かき混ぜながら水気を少し飛ばしたら火を止める

ごはんさんmemo

野菜の水分だけでじっくりと煮込んでいるため、素材本来の甘みが存分にお肉に染み込んでいます。そのままおかずとして食べても美味しいですよ。

お肉にタレを揉み込んでおくと、柔らかくやさしい味になります

a

野菜の旨味が麺に染み込んだ
炒めちゃんぽん

冷蔵 3日
冷凍 1カ月

材料(4人分)

- シーフードミックス…200g
- 白菜…3枚
- にんじん…⅓本
- ごま油…大さじ1
- 豚肉…150g
- かまぼこ…⅓本
- 中華麺…3玉
- A
  - 中華だし…大さじ1
  - 醤油…小さじ1
  - オイスターソース…小さじ1
- 牛乳…300cc
- 水…200cc

作り方

1. 白菜は1cm幅、にんじんは千切り、かまぼこは2mmのいちょう切りにする
2. フライパンにごま油をひき、中火で熱し、豚肉を炒めて色が変わったらシーフードミックス、白菜、にんじん、かまぼこ、Aを入れて炒める
3. 野菜がしんなりしたら蓋をして弱火にし、約5分蒸したら中華麺と水を入れて炒める
4. 牛乳を入れてさらに混ぜ、蓋をして再度約5分煮る

ごはんさんmemo

子どもが大好きな牛乳味の炒めちゃんぽん。麺にまぶされている澱粉がとろみがわりになるので、ソースが麺に絡んで、食が進みます。

牛乳たっぷりでクリーミー。焼きそばよりも炒めちゃんぽんがお気に入り!
(9歳、6歳女の子のママ)

お家にある材料で簡単に作れる

ガパオライス

冷蔵 5日
冷凍 1カ月

材料(4人分)

ピーマン…2個
パプリカ(赤、黄)…½個ずつ
鶏挽肉…300g
油…大さじ1
- Ⓐ 砂糖…大さじ2
  - 塩…ひとつまみ
  - オイスターソース…大さじ1
  - ナンプラー…小さじ1
  - にんにく(すりおろし)…小さじ1

卵…4個
炊いたごはん…1.5合(4人分)

作り方

1. ピーマンとパプリカを5mm角に切る
2. フライパンに油をひき、弱火で熱し、鶏挽肉を炒める(a)。挽肉の色が変わったら、ピーマンとパプリカも入れて炒める
3. パプリカがしんなりしたらⒶを入れて、鍋底に溜まった汁気を具材にしっかり絡めるように炒める
4. お皿にごはんを盛り、3をかけた上に目玉焼きをのせる

ごはんさんmemo

「子どもと食べられる唯一のエスニック料理です」と喜びの声をいただくこともしばしば。人気の高いガパオライスです。ナンプラーはお好みで調整してくださいね。

鶏挽肉は菜箸を2膳使ってかき混ぜるとパラパラと細かく炒められます

とろ〜り半熟卵と具材を絡めて食べるのが子どものお気に入り
（6歳男の子のママ）

冷蔵庫にあるものだけで作っているのに、エスニック風になるのが不思議!
(5歳女の子のママ)

ほんのりエスニック風にアレンジ

タイ風焼きそば(パッタイ)

冷蔵 3日
冷凍 ×

材料(4人分)

豚肉…100g
むき海老…8尾
厚揚げ…½個
ニラ…⅓束
もやし…1袋
卵…2個
米粉麺…3人前
ごま油…大さじ2
A 醤油…大さじ1
　オイスターソース…大さじ2
　ケチャップ…大さじ1
　はちみつ…大さじ2
　にんにく(すりおろし)…小さじ1

作り方

1. ニラは3cm幅、厚揚げは1cm幅に切る。豚肉は塩(分量外小さじ½)を揉み込む。ボウルに水をはり、米粉麺を規定の時間ひたして戻す
2. フライパンにごま油をひき、中火で熱し、豚肉、海老、厚揚げを入れて炒める。肉に火が通ったら麺を入れて約3分、麺が柔らかくなるまで炒める
3. Aを入れて炒めたら、ニラともやしを入れてさらに混ぜる
4. 鍋を手前に倒して空いたスペースに溶き卵を流し入れてかき混ぜた後、すべての具材と炒め合わせる

ごはんさんmemo
スイートチリもナンプラーも使わず、手軽に作れるパッタイを考えてみました。大人用にはつぶしたはちみつ梅を隠し味に入れると、より本場の味に近づきますよ。

野菜を小さめに切って食べやすく！

五目親子丼

冷蔵 3日
冷凍 ×

材料(4人分)

乾燥ひじき…小さじ1
にんじん…½本
椎茸…3枚
玉ねぎ…½個
いんげん…4本
鶏もも肉…1枚(250g)
ごま油…大さじ1
卵…6個
麺つゆ…大さじ2
みりん…大さじ2
炊いたごはん…1.5合

作り方

1. 千切りにしたにんじん、椎茸、薄切りした玉ねぎを横にして半分の長さに、いんげんは2mm幅に切る。鶏肉は細切れにし、塩(分量外小さじ½)を揉み込む
2. 鍋にごま油をひき、中火で熱し、1の野菜と水で戻したひじきを約3分炒める。全体に油が回ったら鶏肉を野菜の上にのせて麺つゆとみりんをかけ、蓋をして約15分弱火で蒸す
3. 溶き卵を流し込んで再度蓋をして約3分弱火で蒸し、ごはんの上にかける

ごはんさん memo

玉ねぎと鶏肉だけで作る親子丼とは違い、これは一度にたくさんの野菜が食べられます。ゆでたうどんや素麺にのせても美味しいですよ。

あまりにもたくさんの野菜を入れるのでびっくりしました！ にんじんや椎茸が苦手でも、これは食べてくれます
(5歳女の子のママ)

スープとプルプル卵と一緒に絡めて一気に食べています。すぐに丼がカラに！
（10歳、8歳男の子のママ）

ちゅるちゅる麺に絡まった〝あん〟が人気の秘密！

天津にゅうめん

冷蔵 3日
冷凍 ×

材料(4人分)
- 卵…4個
- 長ねぎ…1本
- かにかま…8本
- 塩こしょう…少々
- 素麺…4束
- ごま油…適量
- A
  - 醤油…大さじ1
  - 砂糖…大さじ1
  - お酢…小さじ1
  - 中華だし…大さじ1
  - 水…300cc
- 水溶き片栗粉…大さじ2

作り方
1. 素麺をゆでてざるに上げて流水でよく洗い、水気を切る。長ねぎは斜め千切り、かにかまは細かくさく
2. フライパンにごま油をひき、中火で熱し、長ねぎとかにかまを炒め、塩こしょうで味を整える
3. 溶き卵を流し込んで蓋をして蒸し、まわりが固まってきたら火を止めてそのまま約1分蒸らす
4. 別の鍋にAを入れてひと煮立ちしたら、水溶き片栗粉でとろみをつける
5. 4に素麺を入れて温めたら(a)、スープを少し残して1人分ずつ器に盛る。上から2をのせて残ったスープをかける

ごはんさん memo
お財布にやさしい材料でさっと作れる、コスパ抜群のレシピです。麺なしで具だけでもおかずにもなるし、ごはんの上にかけて天津飯にしても美味しいですよ◎

素麺をスープに入れてなじませるのがポイント

Part 9

ホットケーキミックスで作るから簡単！
スイーツレシピ

各ご家庭にストックしてあることが多い、ホットケーキミックス。
子どもたちが大好きな鉄板の味です。
実は牛乳や卵の量を調整するだけで、スコーンやパウンドケーキに
変身する優れもの！ 1袋でいろいろなスイーツが作れます。
難しい材料もオーブンも必要なしの簡単レシピです。

フライパンがあればOK！

しっとりふっくらバナナケーキ

冷蔵 3日
冷凍 1カ月

材料（4人分）

- Ⓐ ホットケーキミックス…200g
  - 卵…2個
  - 牛乳…100cc
- バナナ（大）…2本
- バター…5g
- 砂糖…大さじ1

作り方

1. ボウルにバナナ1本分を2〜3cmにちぎって入れ、木ベラなどを使ってつぶしてⒶと混ぜる(a)
2. 残りのバナナ1本分は1cmの輪切りにする
3. フライパンにバターを入れて溶かしたら一旦火を止め、**1**の生地を流し入れる。生地の上に、**2**のバナナをまんべんなくのせる
4. 蓋をして弱火で約15〜20分じっくり焼く。生地が盛り上がってきたら表面に砂糖をふって(b)、上下をひっくり返し、そのまま弱火で約5分焼く
5. 竹串を刺して生地がつかなくなったら、カットしてお皿に盛る

ごはんさんmemo

生地にもバナナを練りこむことで、砂糖の量を減らし自然の甘みを味わえるようにしたケーキです。ジャムや生クリームを添えてどうぞ。

少し食感が残る程度につぶして

a

砂糖は表面にまんべんなくふりかけましょう

b

バナナを切る、生地の上に置くなど子どもたちがお手伝いしたがるメニュー。自分で作ったケーキは美味しさも格別みたい！
（4歳、7歳女の子のママ）

> バレンタインにパパへのプレゼントとして娘と一緒に作りました。とっても簡単！
> (5歳女の子のママ)

オーブントースターでできる！
チョコチップスコーン

冷蔵 5日
冷凍 1カ月

材料（4人分）

ホットケーキミックス…200g
菜種油…大さじ3
卵…1個
板チョコレート…20g

作り方

1. ボウルにホットケーキミックスを入れ、菜種油を少しずつ加えてざっくりと混ぜる
2. 1のボウルに溶いた卵を数回に分けて入れ、粉っぽさがなくなるまで混ぜる
3. 刻んだチョコレートをざっくりと混ぜ込んだら、一口大に手でまとめる(a)
4. オーブントースターで約10分焼く。ふんわりと膨らんだらできあがり

ごはんさんmemo
生地に油を練り込んでいるため、しっとりとしたスコーンができあがります。生地の硬さは耳たぶを目安に卵で調整してください。

トースターで焼くため、熱が通りやすいようひと口サイズに

a

爽やかな甘さのひと口スイーツ

クリームチーズとパイナップルのプチケーキ

冷蔵 3日
冷凍 1カ月

材料（16個分）

- Ⓐ ホットケーキミックス…120g
  卵…1個
  牛乳…100cc
- 菜種油…大さじ2
- パイナップル缶…スライス2枚
- クリームチーズ…36g
- カップケーキ用の容器…16枚

作り方

1. パイナップルとクリームチーズを小さめの角切りにする
2. Ⓐをよく混ぜ合わせた後、油を少しずつ加えながらさらによく混ぜる
3. カップの底にクリームチーズを入れ、容器の8分目まで生地を流し込む(a)
4. 一番上にパイナップルを2、3個のせて、オーブントースターで約7分焼く
5. 生地が膨らみ、竹串を刺して生地がつかないようであれば、取り出してお皿に盛る。竹串に生地がつく場合はアルミホイルをかぶせて、再び2～3分トースターで焼く

ごはんさん memo

クリームチーズの爽やかな酸味とパイナップルの甘さが相性抜群。シンプルなのに深い味わいが楽しめます。ぶどうやりんごなども試してみてください。

焼くと膨らむので、生地は8分目まで入れて

a

トースターで美味しいカップケーキが作れるのが嬉しい
（6歳、4歳男の子のママ）

朝食代わりにも！

コーンボール

冷蔵 3日
冷凍 1カ月

材料(4人分)

- **A**
  - ホットケーキミックス…200g
  - 卵…1個
  - コーン缶…大さじ3
  - コーン缶の汁…大さじ2
- パン粉…適量
- 揚げ油…適量

作り方

1. ボウルに **A** をすべて入れてよく混ぜ、生地を2〜3cmのボール状に丸めてパン粉をまぶす(a)
2. フライパンに高さ2〜3cmの油を入れ、中高温に熱して約2分揚げる(b)。全体がきつね色になり、中央に竹串を刺して何もついてこなければ完成

ごはんさんmemo

大人気のおかずドーナツ。コーン缶の汁を粉に混ぜ合わせることで、トウモロコシの風味が噛んだときにフワッと立ち込めます。

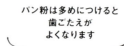

パン粉は多めにつけると歯ごたえがよくなります

a

時々菜箸で転がすようにひっくり返して

b

コーンのツブツブ感とパン粉のサクッと感が子どものお気に入り
（5歳男の子のママ）

少しでも多くの野菜を子どもさんが大好きになっていただけたらと、
この本に掲載しているレシピを野菜別に分類しました。
毎日の献立にお役立てください。

野菜別INDEX

セロリ
カラフルミネストローネ ……… 94

大根
チキンスープ ……… 96

大豆（ミックスビーンズ含む）
大豆とじゃこの甘辛揚げ ……… 30
チリコンカン ……… 60
具だくさんサモサ ……… 77
カブとお豆のゴロゴロ炒め ……… 83
カラフルミネストローネ ……… 94

玉ねぎ
野菜たっぷりミートソース
　スパゲッティ ……… 22
お米のポタージュ ……… 23
手羽元のカレークリーム煮 ……… 24
ミートボールのトマト煮 ……… 38
ふわふわチキンナゲット ……… 46
お子様海老チリ ……… 52
酢ぶり ……… 55
まぐろ中華団子 ……… 58
チリコンカン ……… 60
しらたきチャプチェ ……… 69
すりおろし玉ねぎソース ……… 72
野菜たっぷりドライカレー ……… 74
ふわふわオムレツ ……… 76
具だくさんサモサ ……… 77
とろ〜りチーズのホットサンド ……… 78
スコップコロッケ ……… 79
コンソメポークソテー ……… 80
フレッシュトマトのハヤシライス
　……… 82
カブとお豆のゴロゴロ炒め ……… 83
洋食屋さんの豚丼 ……… 84
やさしい甘さのポークケチャップ
　……… 85
カラフルミネストローネ ……… 94
チキンスープ ……… 96
バターチキンカレー ……… 110
無水牛丼 ……… 112
五目親子丼 ……… 117

小松菜
ふわふわチキンナゲット ……… 46
サラダ餃子 ……… 66

コーン
巣篭もりグラタン ……… 20
アボカドボートグラタン ……… 28
お子様海老チリ ……… 52
まろやかコールスロー ……… 64
野菜たっぷりドライカレー ……… 74
ふわふわオムレツ ……… 76
具だくさんサモサ ……… 77
とろ〜りチーズのホットサンド ……… 78
スコップコロッケ ……… 79
チキンスープ ……… 96
コーンボール ……… 124

さつまいも
キャラメルポテト ……… 18

里芋
里芋の唐揚げ ……… 34

しいたけ
ほっこり味のサムゲタン ……… 98
五目親子丼 ……… 117

じゃがいも
巣篭もりグラタン ……… 20
じゃがいものガレット ……… 25
青のりポテト ……… 31
シャキシャキポテトサラダ ……… 36
具だくさんサモサ ……… 77

しめじ
コンソメポークソテー ……… 80
フレッシュトマトのハヤシライス
　……… 82
カブとお豆のゴロゴロ炒め ……… 83
洋食屋さんの豚丼 ……… 84
やさしい甘さのポークケチャップ
　……… 85

アボカド
アボカドボートグラタン ……… 28
爽やかアボカドディップ ……… 70

いんげん
手羽元のカレークリーム煮 ……… 24
ミートボールのトマト煮 ……… 38
冷めても美味しい蒸し豆腐 ……… 68
カブとお豆のゴロゴロ炒め ……… 83
カラフルミネストローネ ……… 94
五目親子丼 ……… 117

えのき
野菜たっぷりミートソース
　スパゲッティ ……… 22

エリンギ
旨みたっぷり肉味噌 ……… 86
クリーミー担々麺 ……… 88
冷めてもパリパリ春巻き ……… 89
辛くない麻婆豆腐 ……… 90
シャキシャキ食感の回鍋肉 ……… 91

カブ
カブとお豆のゴロゴロ炒め ……… 83
カラフルミネストローネ ……… 94

かぼちゃ
グリルかぼちゃと
　クリームチーズのサラダ ……… 19
スコップコロッケ ……… 79

キャベツ
まろやかコールスロー ……… 64
シャキシャキ食感の回鍋肉 ……… 91

きゅうり
子ども版ヤムウンセン ……… 62

ごぼう
ごぼうぎっしりメンチカツ ……… 42
ほっこり味のサムゲタン ……… 98

126

ブロッコリー
つぶつぶブロッコリーディップ
........................71

ほうれん草
サラダ餃子........................66

水菜
サラダ餃子........................66

紫玉ねぎ
子ども版ヤムウンセン........62
カラフル焼肉サラダ............65

もやし
タイ風焼きそば（パッタイ）........116

リーフレタス
カラフル焼肉サラダ............65

蓮根
蓮根と厚切りベーコンの
　　バターソテー................32

酢ぶり........................55
チリコンカン........................60
冷めても美味しい蒸し豆腐........68
野菜たっぷりドライカレー........74
ふわふわオムレツ........................76
具だくさんサモサ........................77
とろ～りチーズのホットサンド........78
スコップコロッケ........................79
旨みたっぷり肉味噌........................86
クリーミー担々麺........................88
冷めてもパリパリ春巻き........89
辛くない麻婆豆腐........................90
シャキシャキ食感の回鍋肉........91
カラフルミネストローネ........94
チキンスープ........................96
オムナポリタン........................108
無水牛丼........................112
炒めちゃんぽん........................113
五目親子丼........................117

白菜
炒めちゃんぽん........................113

パプリカ
お米のポタージュ........................23
手羽元のカレークリーム煮........24
酢ぶり........................55
まぐろ中華団子........................58
しらたきチャプチェ........................69
カブとお豆のゴロゴロ炒め........83
シャキシャキ食感の回鍋肉........91
ガパオライス........................114

ピーマン
野菜たっぷりミートソース
　　スパゲッティ........................22
酢ぶり........................55
しらたきチャプチェ........................69
チキンスープ........................96
オムナポリタン........................108
ガパオライス........................114

トマト（ホールトマト缶含む）
野菜たっぷりミートソース
　　スパゲッティ........................22
ふわふわ卵とトマトの炒めもの
........................35
ミートボールのトマト煮........38
チリコンカン........................60
カラフル焼肉サラダ............65
フレッシュトマトのハヤシライス
........................82
やさしい甘さのポークケチャップ
........................85
カラフルミネストローネ........94
バターチキンカレー........................110

長ネギ
鮭のネギ味噌マヨ焼き........56
旨みたっぷり肉味噌........................86
クリーミー担々麺........................88
冷めてもパリパリ春巻き........89
辛くない麻婆豆腐........................90
シャキシャキ食感の回鍋肉........91
ほっこり味のサムゲタン........98
天津にゅうめん........................118

なす
なす半分！ハンバーグ........14
野菜たっぷりドライカレー........74
ふわふわオムレツ........................76
具だくさんサモサ........................77
とろ～りチーズのホットサンド........78
スコップコロッケ........................79

ニラ
タイ風焼きそば（パッタイ）........116

にんじん
野菜たっぷりミートソース
　　スパゲッティ........................22
お米のポタージュ........................23
手羽元のカレークリーム煮........24
ミートボールのトマト煮........38
ふわふわチキンナゲット........46

Special Thanks

鈴木陽大くん、鈴木友晴くん、
長谷川美遥ちゃん、長谷川茉帆ちゃん、
橋本悠ちゃん

撮影協力
UTUWA

企画・編集　神島由布子
装丁・本文デザイン　蓮尾真沙子 (tri)
写真　合田和弘
DTP　鈴木俊行（ラッシュ）

ごはんさん

数か月先まで予約が取れない、人気の訪問調理師。1年に約500軒のお宅を訪れ、今までに訪れた数は計1500軒にのぼる。小学校の給食調理師の経験を活かした、子ども向けメニューが大好評。和洋中とジャンルを問わないレシピの豊富さを活かして、現在フリーランスの調理師として活躍中。子どもと一緒に料理をする食育プログラムも人気。

インスタアカウント
gohan.no.gohan

数カ月先まで予約がいっぱい！
訪問調理師ごはんさんの
どんどんおかわりする
子ども大好きレシピ78

第一刷　2019年11月30日
第七刷　2024年6月5日

著　者　　ごはんさん

発行者　　小宮英行

発行所　　株式会社 徳間書店
　　　　　〒141-8202
　　　　　東京都品川区上大崎3-1-1
　　　　　目黒セントラルスクエア

電　話　　編集 03-5403-4350／販売 049-293-5521

振　替　　00140-0-44392

印刷・製本　図書印刷株式会社

©2019　Gohansan,Printed in Japan
乱丁、落丁はお取替えいたします。
ISBN978-4-19-864977-7
※本書の無断複写は著作権法上での例外を除き禁じられています。
　購入者および第三者による本書のいかなる電子複製も一切認められておりません。